Kooperatives Lernen im Englischunterricht

Die Kommunikationsfähigkeit aktiv fördern – vom ersten Schuljahr an

Karolina Marques Pereira

Mit einem Vorwort von Ruth Kirchmann

Kooperatives Lernen im Englischunterricht
Die Kommunikationsfähigkeit aktiv fördern – vom ersten Schuljahr an

Autorin: Karolina Marques Pereira
Vorwort: Ruth Kirchmann

Illustrationen: Thilo Krapp, Berlin
Titelfoto: Karolina Marques Pereira
Grafik: Bernd Speckin, Mülheim a.d. Ruhr

Neue Deutsche Schule Verlagsgesellschaft mbH
Nünningstraße 11
45141 Essen
Fon 0201 2940306
Fax 0201 2940314
mail: info@nds-verlag.de
www.nds-verlag.de

ISBN 978-3-87964-314-1

Vorwort

„Nur weil wir Schülerinnen und Schüler in Gruppen einteilen, heißt das noch nicht, dass sie als Team zusammen arbeiten." Norm Green

Diese Tatsache haben wir alle am eigenen Leib erfahren – als Lernerinnen und Lerner, aber bestimmt auch als Lehrerinnen und Lehrer. Auch für den Englischunterricht trifft sie (leider) zu. Trotz der anhaltend hohen Begeisterung unserer SchülerInnen für das frühe Sprachenlernen scheitern unsere guten Ideen für Gespräche und kleine Rollenspiele viel zu oft an den fehlenden grundlegenden Kommunikations- und Kooperationsfähigkeiten. Doch gerade im frühen Englischunterricht brauchen wir so dringend den Austausch der SchülerInnen untereinander. Nicht nur als Übungspartner in sinnvollen Kommunikationssituationen, sondern vor allem auch als Lernpartner, von dem man Hilfe einfordern und mit dem man Sprachlernstrategien besprechen kann, sind die MitschülerInnen für unsere SchülerInnen unentbehrlich. Sie sind durch die wenigen Impulse, die wir als LehrerInnen all unseren SchülerInnen geben können, nicht zu ersetzen.

Karolina Wysocki hat die Grundelemente des Kooperativen Lernens auf die komplexen Anforderungen des frühen Fremdsprachenbeginns bezogen. Sie schafft es durch viele tolle Ideen, das Konzept in allen Phasen des Englischunterrichts zu implementieren. Partner- und Gruppenfindung, Kontaktaktivitäten, Arbeits- und Präsentationsphasen erfolgen immer mit Hilfe der grundlegenden sprachlichen Mittel, die uns bereits im ersten Lernjahr zur Verfügung stehen, und bilden so eine sinnvolle Ergänzung zum Repertoire jedes Englischlehrers. An zahlreichen guten Unterrichtsbeispielen wird deutlich, dass das Kooperative Lernen auch im Englischunterricht einen entscheidenden Schritt hin zu einer positiven Lernkultur und einem zielführenden, kompetenzorientierten Unterrichtskonzept darstellt.

Ich freue mich besonders, Ihnen dieses Buch einer ehrgeizigen Lehramtsanwärterin und jetzt engagierten Lehrerin als spannende Lektüre und praktische Vorlage für die tägliche Unterrichtsvorbereitung zu empfehlen.

Ruth Kirchmann

Einleitung

Dieses Buch ist für Lehrer und Referendare, die bereits Englisch in Anfangsklassen unterrichten, oder sich auf den künftigen Unterricht vorbereiten möchten. Das Buch stellt eine Umsetzung kooperativer Lernmethoden im Englischunterricht dar und zeigt damit eine Alternative zum konventionellen Unterricht auf. Ziel ist es, eine positive Auswirkung auf Lerninhalte und soziale Kompetenzen zu ermöglichen, sowie die aktiven Sprechanteile eines jeden Schülers im Unterricht zu erhöhen.

Die Verbindung kooperativer Lernformen mit der Förderung des englischen Sprachverständnisses im Grundschulalter bildet die Basis dieses Buches.

Zu Beginn werden grundlegende Elemente des Kooperativen Lernens erläutert, die benötigt werden, um das Konzept im Englischunterricht umzusetzen. Dabei wird über die Wichtigkeit von Frontalphasen gesprochen und wie eine Anbahnung vom lehrerzentrierten zu einem mehr schülerorientierten Unterricht erfolgen kann.

Praxisnahe Unterrichtsmodelle demonstrieren, wie mit Hilfe von kooperativen Methoden die Schüleraktivität gesteigert und die Kommunikationsfähigkeit von Anfang an gefördert werden kann. Ein Schwerpunkt liegt darin, die Sprachaktivität vom ersten Schuljahr an nachhaltig zu fördern. Dazu werden zahlreiche spielerische Methoden vorgestellt, die das Einüben von Vokabeln und Satzstrukturen unterstützen.

Durch Lern- und Bewegungsspiele, die in kooperativen Arbeitsformen dargeboten werden, werden den Schülern primäre Fertigkeiten vermittelt. Hierzu gehören das „Hörverstehen“ und das „Sprechen“. Aber auch die sekundären Lernziele, wie die Entfaltung der sozialen Kompetenzen werden dabei gefördert. Die Schüler müssen sich aufgrund der verschiedenen Methoden auf wechselnde Partner einstellen lernen, sich gegenseitig unterstützen und angemessen korrigieren.

Die unterschiedlichen Methoden und Aktivitäten, werden nach den verschiedenen Unterrichtsphasen gegliedert erläutert.

Einen Großteil dieses Buches stellen die kooperativ gestalteten Unterrichtsreihen dar. Die erprobten Unterrichtsbeispiele werden ausführlich erläutert. Sie sind nach den Richtlinien und den neuen Lehrplänen für das Fach Englisch geplant. Zu jeder Unterrichtsreihe gehört eine ausführliche Beschreibung sowie übersichtliche Verlaufspläne mit entsprechenden englischen Arbeitsanweisungen. Eine Vielzahl von Kopiervorlagen und Unterrichtsmaterialien regen zum Ausprobieren an und ermöglichen einen direkten Einsatz im Unterricht.

1. Grundbausteine des Kooperativen Lernens im Englischunterricht

Einige grundlegende Elemente des Kooperativen Lernens gewährleisten eine erfolgreiche Zusammenarbeit und das Erreichen gesetzter Ziele. Eine Voraussetzung dafür ist das Lernen am Modell. Daher sind gerade im Fremdsprachenunterricht regelmäßige Frontalphasen notwendig, damit anschließend kooperativ gearbeitet werden kann. Nach Johnson und Johnson (1990) sollten folgende fünf Basiselemente des Kooperativen Lernens in die Prozesse der Gruppen- und Partnerarbeit integriert werden:

- **positive Abhängigkeit,**
- **individuelle Verantwortlichkeit,**
- **partnerbezogene Kommunikation,**
- **Sozial- und Teamkompetenz,**
- **Reflexion.**

1.1 Frontalphasen als wichtige Voraussetzung für kooperative Lernphasen

Das Fremdsprachenlernen in der Grundschule soll möglichst wie beim Erstspracheerwerb erfolgen. Dabei steht die Fertigkeit des Hörverstehens im Vordergrund, gefolgt von Imitation und Reproduktion des Gehörten. Beim Hörverstehen handelt es sich um die Fähigkeit, den Sinn einer akustisch wahrgenommenen Aussage aufgrund der von der Lehrkraft einbezogenen Gestik und Mimik zu erfassen. Jede sprachliche Interaktion braucht zunächst das Hörverstehen als Voraussetzung für die eigene sprachliche Reaktion. Da die Unterrichtssprache überwiegend Englisch ist, lernen die Schüler auf diese Weise bereits viele Wörter und Satzstrukturen unbewusst verstehen und schulen dadurch ihre rezeptive Sprachfähigkeit. Diese Sprachfähigkeit steht aber nicht im Mittelpunkt des Fremdsprachenerwerbs. Noch wichtiger ist die produktive Sprachanwendung. Eine Voraussetzung zum Aufbau dieser Fähigkeit sind zunächst regelmäßige Frontalphasen. Sie geben den Schülern die Zeit, sich in die Sprache einzuhören und zentrale wiederkehrende Satzmuster über die Lehrkraft oder über Audiomaterialien aufzunehmen. Die Aussprache sowie Laut- und Intonationsmuster, die nicht in der Muttersprache vorkommen, müssen in dieser Phase von den Schülern erkannt werden, um später reproduziert zu werden.

Eine Möglichkeit zum ersten Ausprobieren bietet das Chorsprechen im Plenum und in Kleingruppen. Es verschafft gerade zurückhaltenden Schülern einen geschützten Raum, um ihre Aussprache zu testen. Da die englische Sprache nicht aus isolierten Lauten besteht, die unabhängig voneinander gesprochen werden, sondern aus einem

Kontinuum von Lauten, die mit rhythmischen Einheiten verschmelzen, fällt es Kindern erheblich leichter, Laut- und Intonationsstrukturen richtig auszusprechen, wenn sie in einem Satzzusammenhang stehen. (vgl. Apple 2004) Deshalb bieten auch Kinderlieder, Reime und Abzählverse eine große Unterstützung, um das Sprechen zu trainieren.

Frontal geführte Unterrichtsphasen sind zwar für den Spracherwerb notwendig, diese Unterrichtsform allein verspricht auf Dauer allerdings nur unzureichende Erfolge für die produktive Anwendung der Sprache. Denn der kommunikative Austausch beschränkt sich für einige Schüler nur auf ein bis zwei Sätze pro Woche. Eine Kombination aus Frontalphasen und Phasen, in denen die Schüler aktiv produktiv tätig sind, ist erforderlich, damit das gehörte Sprachmaterial verarbeitet und verinnerlicht werden kann. Kooperative Methoden stellen eine Möglichkeit dar, die frontale Unterrichtsform zu ergänzen und damit die produktive Kommunikationszeit der Schüler zu erhöhen.

Als einen weiteren Vorteil erhalten Sie als Lehrperson während der kooperativen Aktivitäten den notwendigen Raum, ihre Schüler zu beobachten, sich Notizen zu machen und wiederkehrende Aussprachefehler festzustellen. Diese können dann in der nächsten Frontalphase besprochen werden. Für den Englischunterricht gilt: So viele Frontalphasen wie nötig und so viel Aktionszeit wie möglich.

1.2 Positive Abhängigkeit und individuelle Verantwortlichkeit

Eine positive Abhängigkeit entsteht, wenn alle Schüler eines Teams zu einer Einheit werden, um ein gemeinsames Ziel zu erreichen. Den Schülern muss bewusst werden, dass jeder Einzelne die Verantwortung für den Erfolg seiner Gruppe trägt. Ein Team kann erst dann Erfolg haben, wenn eine sinnvolle Arbeitsteilung sowie ein Klima des gegenseitigen Unterstützens und Helfens in der Gruppe vorhanden sind. Folgende Abhängigkeitsformen haben den Zweck, das Team zu stärken und die Lernintensität zu verbessern (Green 2005; Bochmann/Kirchmann 2006):

- **Zielabhängigkeit** Jeder Schüler verfolgt das gleiche Ziel, um sein Team nach vorn zu bringen. Das bedeutet auch, dass jedes Gruppenmitglied diesem Ziel möglichst nah kommen muss, um mit seinem Team erfolgreich zu sein. Ist es zum Beispiel Ziel, dass die Schüler Vokabeln zu einem Themengebiet übersetzen können, so muss jeder möglichst viel können, damit sein Team beim Quiz gewinnt.
- **Belohnungsabhängigkeit** Eine Belohnung für das Team, dem es gelingt, jeden Schüler seiner Gruppe zum vorgegebenen Ziel zu bringen, kann positive Abhängigkeit schaffen. Die Belohnung kann aus kleinen Sachpreisen wie einem Sticker bestehen. Sie können aber auch auf andere Belohnungssysteme etwa eine kurze positive Anmerkung oder ein Stempel ins Lerntagebuch, zurückgreifen. Darauf sind- vor allem jüngere Schüler stolz. Würdigen Sie aber auch die übrigen Schüler für ihre erreichten Erfolge; das motiviert sie beim nächsten Mal besser zu werden. (Green 2005).

- **Abhängigkeit von einem äußeren Einfluss**

Ein äußerer Einfluss entsteht dadurch, dass die einzelnen Gruppen miteinander konkurrieren und versuchen, in einer vorgegebenen Zeit die bestmöglichen Ergebnisse zu erzielen. Solch ein „Wettkampf" wirkt sehr motivierend auf Schüler und intensiviert aufgrund der Zeitvorgabe ihre Leistungsbereitschaft (Green 2005; Bochmann/Kirchmann 2006).

- **Abhängigkeit von der Reihenfolge**

Für das Erreichen des Gruppenziels wird die Aufgabe in kleinere Einheiten unterteilt. Jedem Mitglied wird eine Teilaufgabe zugewiesen. Erst wenn alle Schüler ihren Teil erfüllt haben, kann ein erfolgreiches Teamergebnis entstehen. Das Teamergebnis ist also abhängig vom individuellen Einsatz jedes Einzelnen. Auch die Reihenfolge, in der die Teilaufgaben erfüllt werden, kann eine Rolle spielen, wenn beispielsweise der Text und die Bilder einer Kurzgeschichte auseinander geschnitten und an die Schüler einer Gruppe verteilt werden. Erst nachdem jeder Schüler seinen Textabschnitt dem richtigen Bild zu geordnet hat, kann dieser an die richtige Stelle der Geschichte eingeordnet werden. Jeder Schüler trägt somit die Verantwortung für das Gelingen der Aufgabe bei (Green 2005; Bochmann/ Kirchmann 2006).

- **Abhängigkeit von der Umgebung**

Der Gruppe wird ein Arbeitsort zugeteilt, an dem sie der Umgebung sie ihre Aufgabe ungestört erledigen kann. Für kommunikative Aufgaben ist dies vorteilhaft, damit sich die Schüler austauschen können, ohne andere Gruppen zu stören (Green 2005; Bochmann/Kirchmann 2006).

- **Rollenabhängigkeit**

Jedem Schüler wird eine verantwortungsvolle Rolle zugeteilt, um sein Team zum Erfolg zu führen. Auf diese Weise wird sichergestellt, dass jeder Schüler in den Arbeitsprozess einbezogen wird. Diese Rollen können sich je nach Aufgabenstellung stärker nach den sozialen oder den inhaltlichen Zielen richten. Für die Erstellung eines Plakats mit einem anschließenden Vortrag beispielsweise, werden häufig dafür die Rollen des „Schreibers, Malers, Zeitwächters, Flüsterchefs oder Vorlesers" gewählt (Green 2005; Bochmann/Kirchmann 2006).

Den Schülern muss allerdings bewusst sein, dass sie sich neben ihrer Rolle auch am Denkprozess innerhalb der Gruppenarbeit beteiligen müssen. Der Zeitwächter kann etwa nicht nur die ganze Zeit auf die Uhr schauen, während seine Teammitglieder den Arbeitsprozess vorantreiben.

- **Identitätsabhängigkeit** Ein gemeinsamer Gruppenname oder ein Logo schaffen Gruppenzugehörigkeit und ein Gemeinschaftsgefühl, die für Lernprozesse hilfreich sein können (Green 2005; Bochmann/Kirchmann 2006). Diese Form der Abhängigkeit muss nicht viel Zeit in Anspruch nehmen. Der Teamname oder ein Logo können aus dem Arbeitsthema entstehen. Gruppen, die sich mit *„farm animals"* beschäftigen, können sich zum Beispiel einen passenden Tiernamen aussuchen.
- **Ressourcenabhängigkeit** Die Arbeitsmittel sind für jedes Team begrenzt vorhanden und müssen deshalb von jedem Mitglied verantwortungsbewusst behandelt werden (Green 2005; Bochmann/Kirchmann 2006). Zum Beispiel erhält beim Erstellen eines *„weather reports"* jede Gruppe nur einen Pappbogen und nur eine Kopie mit „Wetterzeichen".
- **Simulationsabhängigkeit** Die Schüler simulieren wie in einem Rollenspiel eine bestimmte Situation und versetzen sich damit in eine situationstypische Rolle (Green 2005; Bochmann/Kirchmann 2006). Dies wirkt zum Beispiel für das Erstellen und Präsentieren einer Wettervorhersage oder bei der Durchführen eines Interviews sehr motivierend. Die Schüler können sich dann vorstellen, sie seinen echte Reporter.

Eine positive Abhängigkeit unter den Gruppenmitgliedern wird bereits geschaffen, wenn nur einzelne der oben dargestellten Abhängigkeitsformen umgesetzt werden. In der Praxis bleiben jedoch Unterschiede erkennbar: Je nach Schülergruppe sind einige Abhängigkeiten bedeutender und effektiver als andere.

1.3 Partnerbezogene Kommunikation

Für eine ungestörte Kommunikation innerhalb einer Gruppenarbeit sind folgende Faktoren erforderlich:

- Der Arbeitsplatz muss so gewählt sein, dass eine klare Abgrenzung zu anderen Teams geschaffen wird. Die Teammitglieder sollten möglichst nah zusammensitzen, um die Gesprächslautstärke zu minimieren (Bochmann/Kirchmann 2006).
- Die Schüler sollten grundlegende Kommunikationskompetenzen erwerben. Dazu gehören Aspekte wie: „Blickkontakt zum anderen halten, den Körper zum Gesprächspartner drehen, ihn aussprechen lassen und auf Gehörtes angemessen reagieren" (Bochmann/Kirchmann 2006). Damit wird eine kommunikationsfreundliche Atmosphäre geschaffen. Solche Kompetenzen können den Schülern vor einer Gruppen- oder Partnerarbeit verdeutlicht und mit jedem weiteren Mal trainiert und reflektiert werden.

1.4 Sozial- und Teamkompetenz

Soziale Kompetenzen sind Schlüsselkompetenzen, die uns den Umgang mit anderen Menschen erleichtern. Sich auf eine Sache einigen, sich abwechseln, sich unterstützen und Konflikte selbständig lösen – diese Interaktionsformen sind unverzichtbar, um die Arbeitsprozesse und die Kommunikation innerhalb des Teams zu fördern.

1.5 Reflexion sozialer Kompetenz

Eine angemessene Evaluation der Arbeitsprozesse ist für die Weiterentwicklung sozialer und fachlicher Ziele notwendig und sollte möglichst häufig im Anschluss an Arbeitsphasen erfolgen. Dies sensibilisiert die Schüler, ihre eigenen Fähigkeiten besser zu beurteilen und hilft ihnen sich über ihre Stärken und Schwächen bewusst zu werden.

1.6 Förderung der Kommunikationsfähigkeit

Kooperative Lernmethoden bieten viele Vorteile: Die Schüler werden angeregt, über Lernprozesse nachzudenken und somit das Lernen zu lernen; die sozialen Kompetenzen der Schüler und das Klassenklima verbessern sich; die Schüler werden zu kreativen Problemlösungen angeregt und das Selbstwertgefühl jedes Einzelnen wird gesteigert. Vor allem sollten in den ersten Englischstunden die kooperativen Lernformen direkt eingesetzt werden, weil alle Schüler miteinander in Kommunikation treten.

Die Methoden bieten den Schülern Freiräume, die neue Sprache auszuprobieren und so ihre Sprechfähigkeit mit jedem Mal zu verbessern. Im kooperativ geführten Unterricht ist die Sprechmöglichkeit des Einzelnen im Vergleich zu lehrerzentrierten Unterrichtsformen um ein Vielfaches größer. Ein Grund dafür ist die zeitliche Verteilung der unterschiedlichen Unterrichtsphasen, die im folgenden Diagramm dargestellt wird:

Unterrichtsphasen im Kooperativen Lernen

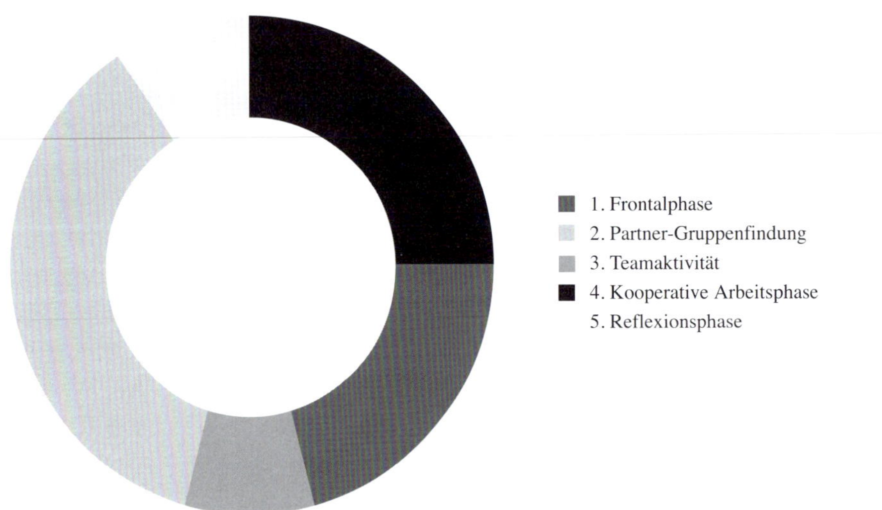

Jede dieser Phasen bietet den Schülern andere kommunikative Anlässe um ihr Sprachrepertoire aktiv zu erweitern. Erst mit der Zeit kann man immer mehr Phasen auf Englisch durchführen. Wenn kooperative Unterrichtsphasen und die passenden englischen Sätze in ritualisierter Form immer wiederkehrend in Partner- und Gruppenfindungen sowie Reflexionsphasen auftauchen, werden die Schüler sie zunehmend sicherer anwenden können.

Auch wenn sich die Kinder noch in der silent period befinden, können sie von kooperativen Methoden profitieren. In der Literatur spricht man von der *„silent period"*, wenn ein Kind die Sprache zunächst in sich aufnimmt, bevor es selbst aktiv wird (Klippel 2000). Die Länge dieser Phase kann von Kind zu Kind variieren. Damit sich Sprechhemmungen nicht durch ständiges Auffordern zu einer Sprechangst entwickeln, sollten Sie sich als Lehrperson geduldig zeigen. Die Sprechbereitschaft ist bei jedem Kind unterschiedlich intensiv ausgeprägt.

Nach eigener Erfahrung haben die Schüler eines ersten Schuljahres weitaus weniger Hemmungen, die fremde Sprache auszuprobieren und damit zu experimentieren, als in der Literatur oft beschrieben wird. Meinen Beobachtungen zur Folge gibt es viele Schüler, die an lehrerzentriert geführten Phasen nicht aktiv teilnehmen, aber dafür während kooperativer Phasen mutiger werden und mit ihren Partnern auf Englisch zu kommunizieren versuchen. Unter Umständen können *„silent periods"* durch den Gebrauch kooperativer Lernmethoden sogar früher unterbrochen werden als durch herkömmliche Unterrichtsmethoden. Damit sich auch die schüchternen Schüler öffnen, sollten für Partnerkommunikationen ein lernfreundliches Klima und eine vertrauensvolle Basis geschaffen werden. Dazu sind Teamaktivitäten hilfreich, in denen sich die Schüler besser kennenlernen und eine Ebene des Vertrauens schaffen.

Zu einem lernfreundlichen Klima gehört auch ein motivierendes Korrekturverhalten. Zu Beginn des Zweitsprachenerwerbs kommt es zum Beispiel häufig vor, dass Schüler einzelne Wörter aus der Muttersprache entlehnen. Solche Entlehnungen sind oft im Bereich der Lexis erkennbar, wenn das Kind beispielsweise auf die Frage *„What's the weather like today?"* mit *„It' s windig."* antwortet. Diese Art der Sprachmischung ist normal und ein Teil des Lernprozesses (Apple 2004). Deshalb sollte man am Anfang eine direkte Korrektur der fehlerhaften Wörter vermeiden. Eine Unterbrechung während der Partneraktivität würde zu einer Unterbrechung des Sprechflusses führen und dem Kind eventuell die Freude nehmen, weiterhin etwas in der Fremdsprache zu sagen. Stattdessen ist es sinnvoller, häufige Schülerfehler festzuhalten und sie anschließend im Plenum zu thematisieren.

Generell rät man beim Kooperativen Lernen dazu, dass frontal geführte Phasen möglichst kurz zu halten, um den Schülern mehr Aktionszeit zu gewähren. Auf den Englischunterricht trifft dies allerdings nicht zu. Abbildung 1 zeigt, dass auch Frontalphasen einen bedeutenden Anteil im Unterricht einnehmen. Erst nach einem entsprechenden sprachlichen Input können die Schüler aktiv agieren.

2. Der Beginn Kooperativen Lernens im Englischunterricht

Kooperative Lehrmethoden sollen Ihren ursprünglichen Unterricht oder Lehrstil nicht ersetzen, sondern ihn mit abwechslungsreichen und vor allem kommunikativen Situationen ergänzen und bereichern. Sie können nach und nach weitere Methoden einführen und somit Ihren Schülern zu mehr kooperativen und kommunikativen Kompetenzen verhelfen.

Eine genaue Zeitangabe für die einzelnen Phasen anzugeben ist schwierig, da jede Lerngruppe unterschiedliche Vorerfahrungen im sprachlichen wie auch im sozialen Bereich aufweist und Methoden unterschiedlich schnell umsetzt. Um allerdings einen ungefähren Richtwert zu nennen, sollte das Verhältnis von Frontalphasen und Partneraktivitäten in jeder Unterrichtsstunde möglichst ausgeglichen sein. Am Anfang werden Sie noch mehr Zeit für die Einführung von einzelnen kooperativen Methoden in Anspruch nehmen. Dies wird sich allerdings schon nach wenigen Einsätzen verbessern, so dass die Kommunikationszeit während der Arbeitsphasen länger ist als während der Frontalphase. Der folgende Verlauf soll Ihnen den Weg zur Umsetzung erleichtern.

2.1 Frontalphase und Einführungen neuer Lerninhalte

Bevor eine Einführung neuer Lerninhalte erfolgt, kann das Vorwissen der Schüler mit einigen Methoden aktiviert werden. Das Erstellen einer *Mind Map* oder eines *Clusters* hilft den Schülern, sich mit dem neuen Thema auseinanderzusetzen und mit anderen Schülern in einen Austausch zu kommen. Die Roundtable-Methode (vgl. Kapitel 4.3) ist gleichermaßen geeignet, um zu mehreren Unterthemen Wörter oder Sätze zu sammeln.

Anschließend erfolgt die Einführung der neuen Lerninhalte mittels frontaler Phasen. Die neuen Wörter werden zum Beispiel mehrfach im Chor gesprochen oder mit kurzen *Total-Physical-Response*-Übungen (TPR) spielerisch wiederholt. Diese Phase lässt sich schwer zeitlich festlegen, da jede Lerngruppe unterschiedlich viel weiß und auch unterschiedlich schnell lernt. Sobald sich die Schüler sicher genug fühlen, die Wörter oder Sätze auszusprechen, können erste Dialoge mittels kooperativer Methoden eingesetzt werden.

Der genaue Ablauf der Methode wie auch der weitere Verlauf der Unterrichtsstunde können mit Symbolkarten an der Tafel dargestellt werden. Für Schüler ist es oft hilfreicher, wenn sie zusätzlich zur akustischen Beschreibung eine Visualisierung der Methode und des Stundenverlaufs erhalten. Damit die Schüler zügig in die Arbeitsphase kommen und zielorientiert arbeiten, sollten Sie zeitliche Vorgaben machen. Für die ersten beiden Jahrgänge, in denen noch nicht alle sicher die Uhr lesen können, ist eine visualisierte Darstellungsform der Zeitangabe nötig.

2.2 Partnerteams

Um erfolgreich kooperativ zu arbeiten, benötigen die Schüler grundlegende soziale Kompetenzen. Beginnen Sie mit Methoden die Partneraktivitäten beinhalten, denn soziale Kompetenzen lassen sich besser in Zweier-Teams als in größeren Gruppen erlernen. Außerdem ist es für Kinder im ersten Schuljahr einfacher, sich nur auf eine Person einzulassen, Vertrauen zu ihr aufzubauen und mit ihr zu arbeiten als sich gleich mit mehreren Persönlichkeiten auseinanderzusetzen. Weiterhin erhöht sich bei der Bildung eines Zweier-Teams die Interaktionszeit für beide Schüler um ein Vielfaches gegenüber einem Dreier- oder Vierer-Team.

Aktivität zur Partnerfindung

Es gibt unterschiedliche Möglichkeiten, wie Sie heterogene Paare zusammenstellen. Die Paare können entweder zufällig oder nach äußeren Rahmenbedingungen gebildet werden: nach ihrer Leistungsstärke, ihrem Geschlecht, nach äußeren Körpermerkmalen (braune Haare, blaue Augen, etc.), nach Interessen oder nach bestimmten Kompetenzen. Entscheiden Sie, welche der Partnerfindungsmethoden zu welcher Aufgabe für ihre Klasse geeignet ist. In Kapitel 4.1 finden Sie ausführliche Beschreibungen geeigneter Partner- und Gruppenfindungen.

Teamaktivität

Damit die Teammitglieder einander kennenlernen, sollte eine kurze Teamaktivität durchgeführt werden. Diese Phase wirkt auf Schüler auflockernd und schafft schnell eine vertrauensvolle Basis für die eigentliche Arbeitsphase.

In Klassen mit einem harmonischen Lernklima reichen oft schon eine kurze Begrüßung auf Englisch oder ein kurzer Dialog über das Lieblingsessen oder das Haustier als Kontaktaktivität aus. Die Sätze *„Hello, how are you?"* und *„I like Spaghetti ..."* sind schnell gelernt und können schon in den ersten Monaten während einer Kontaktaktivität auf Englisch angewandt werden.

2.3 Arbeitsphase

Nachdem den Schülern das Ziel der anschließenden Arbeitsphase verdeutlicht wurde, werden sie in die Methode eingeführt, um dieses zu erweitern. Wie schon erläutert, sind zu Beginn des kooperativen Arbeitens Partnermethoden zu empfehlen (vgl. Kapitel 4.1). Vor allem die *Pair-check-* oder die *T-Chart*-Methode sind hierfür besonders geeignet. Für einen kommunikativen Austausch wie bei einem Interview können Sie auch die Meeting-point-Methode anwenden.

Bei einem erstmaligen Einsatz einer neuen Methode, sollten Sie die Durchführung mit einigen Schülern exemplarisch vorführen. So können die Schüler den Ablauf direkt sehen und müssen ihn sich nicht bloß vorstellen. Dafür wählen Sie entweder zwei Schüler aus, die Sie im Vorfeld eingeweiht haben, oder Sie spielen den Ablauf mit einem Schüler vor, während Sie die Methode erklären. Vergessen Sie während der Einführung nicht auf die zeitliche Begrenzung für die Partneraktivität hinzuweisen. Eine genaue Erläuterung der verschiedenen kooperativen Partner- und Gruppenaktivitäten finden Sie in Kapitel 4.

2.4 Beobachtungs- und Dokumentationszeit

Während der Partner- oder Gruppenaktivität haben Sie Zeit, Ihre Schüler zu beobachten. Für das schnelle Festhalten Ihrer Beobachtungen können Sie einen vorgefertigten Beobachtungsbogen nutzen (vgl. Kapitel 6). Damit sich Ihre Schüler nicht beobachtet fühlen, sollten Sie auf diskrete Notizen achten. Loben und unterstützen Sie einzelne Schüler während der Arbeitsphase. Auf diese Weise wird ihr positives Handeln bestärkt und andere Schüler werden motiviert, es ihnen gleichzutun.

2.5 Reflexionsphase

Nach der Arbeitsphase erfolgt eine kurze Reflexion darüber, ob die Ziele der Stunde erreicht wurden. Dabei sollen die positiven Erlebnisse herausgehoben werden, um die Schüler für zukünftige Arbeitsphasen zu ermutigen. Den Schülern sollte die Möglichkeit gegeben werden, sich gegenseitig Tipps für weitere Teamarbeiten zu geben. Allerdings sollte der zeitliche Rahmen von höchstens zehn Minuten nicht überschritten werden. Für die Strukturierung und Organisation des Reflexionsgesprächs helfen die in Kapitel 4.4 dargestellten Methoden. Damit die Schüler zu Beginn des Kooperativen Lernens innerhalb einer Unterrichtseinheit nicht mit zu vielen neuen Methoden überfordert werden, empfiehlt es sich, die „*Give-me-five*-Methode“ für erste Reflexionen einzusetzen. Sie ist schnell erklärt und in der Umsetzung unkompliziert.

2.6 Weitere Tipps und Hinweise

- Führen Sie zu Beginn nicht zu viele Methoden auf einmal ein. Sie könnten Ihre Schüler überfordern. Ratsam ist es, immer höchstens eine neue Methode pro Englischstunde einzuführen. Wiederholen und festigen Sie lieber Bekanntes, bevor Sie mit weiteren Methoden fortfahren.

- Die englischen Sätze sollten für die Partnerfindung, die Team-Aktivitäten und die Reflexionsphasen möglichst gleich bleiben, damit die Schüler sich diese einprägen und möglichst bald aktiv anwenden können.

- Legen Sie in Ihrer Planung zunächst das Lernziel und erst dann die dazu passende Lernmethode fest – nicht umgekehrt. Auf diese Weise können Sie die Lernfortschritte Ihrer Schüler gezielter optimieren.

- Halten Sie die verschiedenen Phasen ein und beenden Sie Ihren Unterricht möglichst immer mit einer kurzen Reflexion, um den Arbeitsstand abzugleichen und die Weiterarbeit besser planen zu können. Ein ritualisierter Stundenablauf wird den Schülern Sicherheit auf der kommunikativen Ebene geben und ihre Sprache mit jeder Stunde optimieren.

- Wenn Sie feststellen, dass die Arbeitsphasen in Zweier-Teams erfolgreich sind, können Sie mit Gruppenarbeiten beginnen. Je größer aber die Teams sind, desto mehr soziale Kompetenzen werden von Ihren Schülern verlangt, um Konflikte und andere Schwierigkeiten aufzufangen. Eine gute Gruppengröße, um Lernfortschritte bei allen Gruppenmitgliedern zu erreichen, besteht aus zwei bis vier Schülern.

- Eine kooperative Gruppenarbeit unterscheidet sich von üblicher Gruppenarbeit durch die positive Abhängigkeit während der Arbeitsphasen. Die positive Abhängigkeit ist ein wichtiger Grundbaustein für das Kooperative Lernen (vgl. Kapitel 1.2) und sollte bei der Planung der Unterrichtseinheit berücksichtigt werden. Sie ist ein wichtiger Motor für erfolgreiches Zusammenarbeiten.

Beispiele für einen konkreten Ablauf und eine grundschulgerechte Umsetzung Kooperativer Lernmethoden finden Sie in Kapitel 5

3. Rituale zur Förderung des englischen Sprachgebrauchs

Rituale sind ein wichtiger Bestandteil des Grundschulunterrichts. Die immer wiederkehrenden Handlungen und Redewendungen geben den Kindern Sicherheit und tragen zur Strukturierung des Unterrichtsgeschehens bei. Sie können sowohl Unterrichtsverlauf mit seinen einzelnen Phasen als auch die inhaltlichen Handlungen während einer Unterrichtsstunde ritualisieren. Für den Englischunterricht sind Rituale wegen der sprachlichen Anwendung sehr hilfreich. Wiederkehrende Satzstrukturen wirken unterstützend auf den aktiven Wortschatz der Schüler. Als Klassenlehrerin oder -lehrer haben Sie den Vorteil, Rituale auf Englisch und Deutsch täglich in den Unterricht integrieren zu können. Auf diese Weise werden Ihre Schüler häufiger mit der englischen Sprache konfrontiert als nur während der zwei wöchentlichen Englischstunden. Die folgenden Rituale eignen sich schon für das erste Schuljahr:

- What are we going to do today? Das vorstellen des Stundenverlaufs und des Ziels der Stunde sind weitere Möglichkeiten, feste Chunks von Kindern vorstellen zu lassen und diese im Chor nachzusprechen. Die Kinder erhalten auf diese Weise die Sicherheit, die Sprache auszuprobieren und die Sätze immer sicherer zu sprechen.

- Die morgendliche Begrüßung und der Abschied am Ende eines Tages sollten jeweils in beiden Sprachen erfolgen. Dies kann in Form eines Liedes oder mit einer Handschlagbegrüßung bzw. -verabschiedung vom Sitznachbarn erfolgen. Einige Vorschläge für geeignete Lieder und Dialoge finden Sie in Kapitel 3.1.

- Eine tägliche Befragung nach dem Wochentag, dem Vortag und dem nächsten Tag kann auf Englisch erfolgen. Dabei werden die Fragen „*What day is today? What day is tomorrow? What day was yesterday?*" gebraucht. Die Klasse antwortet gemeinsam mit den Sätzen „*Today is Monday. Tomorrow is Tuesday. Yesterday was Sunday.*" Nach einigen Wochen können einzelne Schüler die Rolle des Lehrers übernehmen und die Befragung durchführen. Die Wochentage werden zu Beginn der Befragung im Chor auf Deutsch und auf Englisch aufgesagt und auf farbigen Wortkarten, die an der Tafel hängen, gezeigt. Die Form des Chorsprechens mag konservativ wirken, hat aber den Vorteil, dass schüchterne Schüler mitsprechen können, ohne im Mittelpunkt zu stehen. Ein weiterer Vorteil ist, dass jeder Schüler die Möglichkeit hat, die Antwort zu sagen.

Weiterhin können die Fragen „*What's the weather like today?*" mit der passenden Antwort „*It is cloudy/sunny* etc." als morgendliches Ritual eingeführt werden, nachdem die Unterrichtsreihe zum Thema Wetter abgeschlossen wurde.

Auf einem „*weather chart*“, das mit drei beweglichen Pfeilen ausgestattet ist, wird das Wetter eingestellt. Einige Fragen aus dem Themenbereich „*clothes*“ können nach Behandlung des Themas ergänzend integriert werden. Es kann zum Beispiel danach gefragt werden, welche Kleidung für den Tag geeignet ist. Diese kann in Form von Bildkarten zu dem „*weather report*“ gehängt werden.

Der ritualisierte Ablauf einer Englischstunde und wiederkehrende kooperative Phasen tragen dazu bei, Arbeitsphasen zu strukturieren und den Wortschatz der Schüler zu erweitern und zu optimieren. Im ersten und zweiten Schuljahr sollte eine Partnerfindungsmethode so oft wiederholt werden, bis die zu gebrauchenden Sätze von allen Schülern verinnerlicht und aktiv benutzt werden. Die Schüler werden mit jeder Stunde selbstsicherer im Umgang mit den Methoden und im Einsatz der englischen Sprache. Zudem sparen Sie auf Dauer viel Erklärungszeit, wenn den Schülern die Methoden geläufig sind.

3.1 Lieder für Begrüßung und Abschied

Im Anfangsunterricht ist es besonders wichtig, dass Schüler ganzheitlich und aktiv lernen. Lieder, die mit aktiven Handlungen verbunden sind, wirken besonders sprachfördernd, und sprechen aufgrund der ausgeführten Handlung mehrere Sinne an. Dadurch erfolgen Verarbeitung und Aneignung des neuen Lernstoffs tiefgründiger. Weiterhin erleichtern die Bewegungsabläufe parallel zum Sprechen das Verständnis der englischen Sprache. So kann das Gelernte nachhaltig im Gedächtnis bleiben. Jedes Lied sollte deshalb mit entsprechenden Bewegungen unterstützt werden.

Lied zur täglichen Begrüßung

Lehrjahr: ab dem ersten Schuljahr

Ziel: Begrüßung

Verlauf: Die Schüler können das Lied entweder an ihrem Sitzplatz singen und ihren Nachbarn begrüßen oder in der Klasse umhergehen und jeden mit Handschlag begrüßen, dem sie begegnen. Während der ersten Zeile winken sich die Schüler zu und begrüßen ihren Nachbarn mit Handschlag. Nachdem die letzten Worte „*... how are you?*“ gesungen wurden, wird die Frage vom Nachbarn beispielsweise mit „*I'm fine.*“ oder „*I'm tired.*“ beantwortet.

Liedtext:

Hello, good morning, good morning to you.

Hello and good morning and how are you?

Lied zur täglichen Verabschiedung

Lehrjahr: ab dem ersten Schuljahr

Ziel: Verabschiedung

Verlauf: Die Schüler können an ihrem Platz singen, sich in einem Abschlusskreis zusammenstellen oder in der Klasse umhergehen. Der Text wird auf die Melodie von „Bruder Jakob“ gesungen.

Goodbye children, goodbye children!

Die Schüler winken sich während der ersten Zeile zu.

Have a nice day, have a nice day!

Mit den Armen wird während der zweiten Zeile eine Sonne nachgezeichnet.

See you all tomorrow, see you all tomorrow.

Bye, goodbye, bye, goodbye!

Der Nachbar wird mit Handschlag verabschiedet.

3.2 Begrüßungsrunde

Lehrjahr: ab dem ersten Schuljahr

Ziel: Begrüßung

Verlauf: Die Schüler gehen zu Musik in der Klasse umher. Wenn die Musik stoppt, begrüßt jeder mit den Worten „Good morning“ seinen nächsten Nachbarn mit Handschlag und stellt ihm eine kurze Frage auf Englisch. Beispiele für solche Fragen sind:

- *What's your name?*
- *How are you?*
- *What did you have for breakfast?*
- *What day is today?*
- *What's the weather like today?*

Die verschiedenen Fragen entstehen meist aus den im Unterricht bearbeiteten Themenbereichen und können so in den morgendlichen Begrüßungen wiederholt werden. Welche Fragen es stellt, entscheidet jedes Kind individuell. Die Methode *Catch the ball* (vgl. Kapitel 4.3) stellt eine weitere Möglichkeit dar, sich in ritualisierter Form zu begrüßen.

Methoden-Schatztruhe

Dieses Kapitel erläutert die kooperativen Methoden, die sich nach meiner Erfahrung im Englischunterricht besonders bewährt haben. Sie werden Ihren Unterricht abwechslungsreicher gestalten, die Kommunikationsfähigkeit aller Schüler erhöhen und das soziale Miteinander verbessern.

Die folgende Tabelle stellt die kooperativen Methoden für den Englischunterricht zunächst im Überblick und sortiert nach didaktischen Zielen dar. Die einzelnen Methoden variieren in ihrem Schwierigkeitsgrad und werden deshalb dem jeweiligen Lernjahr zugeordnet. Ob die jeweilige Methode eher für die Partner- oder die Gruppenarbeit geeignet ist, wird in der Spalte „Arbeits- und Sozialform" angezeigt. Mithilfe dieser Auswahlkriterien finden Sie schnell für jede Unterrichtsphase eine passende Methode.

Die letzte Spalte der Tabelle verweist schließlich auf die ausführliche Erläuterung der Methode sowie auf die passenden Kopiervorlagen für eine schnelle Umsetzung im Unterricht und Symbolkarten für einen transparenten Unterrichtsverlauf. Die Symbolkarten dienen als visuelle Unterstützung und helfen Ihren Schülern zusätzlich zu den mündlichen Erklärungen dabei, den Unterrichtsverlauf besser nachzuvollziehen. Nachdem Ihre Schüler einige Male mit den verschiedenen Methoden gearbeitet haben und mit ihnen vertraut sind, reichen oft nur die Symbolkarten aus, damit die Schüler den Verlauf der Stunde verstehen.

Didaktisches Ziel	Lernjahr	Methode	Arbeits- u. Sozialform	Seite
Partner- und Gruppenfindung	ab 1. Schj.	• Line up	• Partnerfindung	24
	ab 1. Schj.	• Cardgame (lehrerarrangiert)	• Gruppenfindung	24
	ab 1. Schj.	• Find your number/color	• Gruppen-/Partnerfindung	23
	ab 1. Schj.	• Maoam	• Gruppenfindung	25
	ab 1. Schj.	• Pass the paper	• Partnerfindung	28
	ab 2. Schj.	• Appointment calendar	• Partnerfindung	27
	ab 2. Schj.	• Birthday calendar	• Partnerfindung	27
	ab 2. Schj.	• Partner dice	• Partnerfindung	28
	ab 3. Schj.	• Find pairs	• Partnerfindung	25
	ab 3. Schj.	• Word puzzle	• Gruppenfindung	26
	ab 3. Schj.	• Quartett	• Gruppenfindung	26
Kontaktaktivität	ab 1. Schj.	• Speech contest	• Gruppen-/Partnerarbeit	29
	ab 1. Schj.	• Who is it?	• Gruppenarbeit	31
	ab 1. Schj.	• Guessing game	• Gruppen-/Partnerarbeit	31
	ab 1. Schj.	• C&C Methode	• Gruppenarbeit	41
	ab 2. Schj.	• Word painter	• Gruppenarbeit	30
	ab 2. Schj.	• Similarities	• Gruppen-/Partnerarbeit	30
	ab 3. Schj.	• Interview	• Partnerarbeit	32
Vokabellernmethoden	ab 1. Schj.	• Round up domino	• Plenum	33
	ab 1. Schj.	• Inside-outside circle	• Plenum/Partnergespräch	35
	ab 1. Schj.	• Pair check	• Partnerarbeit	35
	ab 1. Schj.	• Battleships	• Partnerarbeit	36
	ab 1. Schj.	• Activity memory	• Plenum	36
	ab 1. Schj.	• Memory	• Gruppen-/Partnerarbeit	37
	ab 1. Schj.	• Round table	• Gruppenarbeit	38
	ab 2. Schj.	• Catch the ball	• Gruppenarbeit	38
	ab 2. Schj.	• Placemat	• Partnerarbeit	39
	ab 2. Schj.	• Team quiz	• Gruppenarbeit	40
	ab 3. Schj.	• T-chart	• Partnerarbeit	40
	ab 3. Schj.	• Team tournament	• Gruppenarbeit	34
Präsentations-methoden	ab 2. Schj.	• Meeting points	• Partnerarbeit	43
	ab 3. Schj.	• Gallery tour	• Gruppenarbeit	44
	ab 3. Schj.	• Jigsaw/Gruppenpuzzle	• Gruppenarbeit	45
	ab 3. Schj.	• Four corner talk	• Gruppen-/Partnerarbeit	44
Überprüfung von Gelerntem	ab 2. Schj.	• Team quiz	• Gruppenarbeit	40
	ab 2. Schj.	• Placemat	• Partnerarbeit	39
	ab 3. Schj.	• Gallery tour	• Gruppenarbeit	44
	ab 3. Schj.	• Jigsaw/Gruppenpuzzle	• Gruppenarbeit	45
Reflexion und Gruppenevaluation	ab 1. Schj.	• Reflexionstabelle	• Gruppenarbeit	47
	ab 1. Schj.	• Give me five	• Gruppen-/Partnerarbeit	49
	ab 1. Schj.	• Gruppenbarometer	• Gruppenarbeit	51
	ab 1. Schj.	• Bilderkette	• Gruppen-/Partnerarbeit	51
	ab 2. Schj.	• Learn diary	• Einzel-/Partnerarbeit	49
	ab 3. Schj.	• Kriterien-Check	• Gruppenarbeit	50
	ab 2. Schj.	• Placemat	• Gruppen-/Partnerarbeit	50
	ab 2. Schj.	• Reflexionsnetz	• Gruppenarbeit	51
	ab 3. Schj.	• Envelope Game	• Gruppenarbeit	48
	ab 1. Schj.	• Tree-Diagramm	• Gruppenarbeit	48
	ab 3. Schj.	• C&C Methode	• Gruppenarbeit	41

4.1 Partner- und Gruppenfindung im Englischunterricht

Im zweiten Kapitel wurde bereits der Grundgedanke des Kooperativen Lernens dargestellt. Demnach werden mit dieser Art des Lernens die kommunikativen und sozialen Kompetenzen der Schüler gefördert und das Selbstbewusstsein gesteigert. Verschiedene Arten der Partner-bzw. Gruppenfindung sind für den Englischunterricht notwendig und sinnvoll.

- Um kommunikativ aktiv zu sein, brauchen die Schüler Gesprächspartner, von denen sie aus verschiedene Weise profitieren können: Entweder lernen sie auf sozialer Ebene, dem anderen Schüler Wissen zu vermitteln, oder auf kognitiver Ebene, Lerninhalte besser zu verstehen und anzuwenden. Würde man die Schüler ausschließlich selbstständig ihre Partner- oder Arbeitsgruppe aussuchen lassen, käme es nur selten zu den gewünschten heterogenen Gruppen, in denen es möglich ist, voneinander zu lernen.

- Weiterhin lernen sich die Schüler untereinander besser kennen und kommen mit Kindern ins Gespräch, mit denen sie im normalen Schulalltag nicht viel zu tun haben. Das Üben des gegenseitigen Akzeptierens und das Erreichen gemeinsamer Ziele verbindet und fördert auf längere Sicht ein gutes Klassenklima.

Einige Möglichkeiten, die Partner- bzw. Gruppenfindung problemlos und ohne größeren Zeitaufwand durchzuführen, stellen die folgenden Methoden dar. Die Zusammenführung von Teams erfolgt teilweise nach dem Zufallsprinzip und teilweise auf Basis der sprachlichen Kompetenzen.

Die folgenden Aktionen wecken und stärken das Gemeinschaftsgefühl innerhalb der Gruppen. Dies ist eine wichtige Basis für die Zusammenarbeit innerhalb einer Gruppe. Die Sequenzen müssen nicht aufwendig sein, aber sie sollten Spaß machen und die Schüler für kurze Zeit ins Gespräch kommen lassen. Die Schüler können sich so besser kennen lernen und mögliche Barrieren abbauen.

Find your number/color

Lernjahr: ab dem ersten Schuljahr

Arbeits- und Sozialform: Gruppenfindung nach dem Zufallsprinzip

Verlauf: Jeder Schüler erhält ein Kärtchen mit einer Ziffer.
Wenn Sie sechs Gruppen mit jeweils vier Schülern benötigen, brauchen sie immer vier Kärtchen von der Ziffer eins bis sechs. Sie können nun die Gruppen nach gleichen Zahlen zusammenstellen lassen.

Erweiterung: Die Gruppenfindung kann auch mit Farbkärtchen anstelle von Ziffern erfolgen. Sie können beide Möglichkeiten kombinieren, wenn Sie die verschiedenen Ziffern auf farbiges Papier kopieren. Für sechs Gruppen mit je vier Schülern brauchen Sie vier unterschiedliche Farben.

Line up

Lernjahr: ab dem ersten Schuljahr

Arbeits- und Sozialform: Partnerfindung unter Berücksichtigung der sprachlichen Kompetenz(en) oder äußeren Merkmale

Verlauf: Die Schüler stellen sich nach einem vom Lehrer vorgegebenen Kriterium in einer Reihe auf, zum Beispiel: „Wer der Meinung ist, dass er alle englischen Wörter zum Thema zoo animals kennt, der stellt sich auf die linke Seite der Klasse. Wer glaubt, dass er schon viele Wörter aus dem Themengebiet kann, aber noch nicht alle, der stellt sich in die Mitte der Reihe. Wer meint, er könne die Wörter noch nicht so gut und er müsse sie nochmals üben, stellt sich auf die rechte Hälfte der Linie." Nun, da die Schüler nach ihrem Können sortiert stehen, bilden immer der erste und der letzte Schüler der Reihe ein Paar. Auf diese Weise sind die Partner nach ihrem Können heterogen gemischt und können gut voneinander profitieren.

Tipp: Die Schüler, die so ehrlich über ihre Leistungen reflektieren können und sich auf die rechte Hälfte der Klasse stellen, sollten unbedingt für ihr aufrichtiges Handeln gelobt werden. Dies wird ihre Schüler auch fürs nächste Mal bestärken, ihre eigenen Leistungen ehrlich zu reflektieren.

Erweiterung: Für Schüler des ersten Schuljahres ist es oft noch schwer, ihr Können so detailliert zu reflektieren. In dem Fall können sich die Schüler auch nach Größe, Hausnummern oder Geburtsmonat sortieren.

Cardgame

Lernjahr: ab dem ersten Schuljahr

Arbeits- und Sozialform: Gruppenfindung unter Berücksichtigung der sprachlichen Kompetenzen

Verlauf: Sie haben Namenskärtchen aller Schüler vor sich liegen und sortieren sie ihren Leistungen entsprechend in Reihen. Wenn Sie Vierer-Teams brauchen, setzen Sie vier Reihen fest, bei Dreier-Teams nur drei Reihen.

1	**2**	**3**	**4**	**5**	**6**	**leistungsstarke Schüler**
7	**8**	**9**	**10**	**11**	**12**	
13	**14**	**15**	**16**	**17**	**18**	
19	**20**	**21**	**22**	**23**	**24**	**leistungsschwache Schüler**

Jede Spalte stellt eine Gruppe dar, die im Hinblick auf ihre sprachlichen Kompetenzen durchmischt ist. Oft ist es aufgrund der Schüleranzahl nicht möglich, Vierer- oder Dreier- Gruppen zu bilden. Die übrig gebliebenen Schüler schließen sich jeweils bestehenden Gruppen an.

Tipp: Diese Methode bietet sich für länger bestehende Gruppen an, beispielsweise wenn Sie ein Theaterstück mit ihren Schülern einstudieren.

Find pairs

Lernjahr: ab dem dritten Schuljahr

Arbeits- und Sozialform: Partnerfindung nach dem Zufallsprinzip

Verlauf: Jeder Schüler erhält ein Wortkärtchen mit einem bekannten englischen Begriff. Ähnlich wie beim Memoryspiel gibt es zu jedem Wort ein Gegenteil, das gefunden werden muss. Zum Beispiel: cold – warm, summer – winter, etc. Nachdem sich die Schüler gefunden haben, arbeiten sie als Paar zusammen.

Erweiterung: Als vereinfachte Version kann man das Spiel in den ersten Schuljahren als Memoryspiel durchführen. Immer zwei Schüler erhalten dabei den gleichen Begriff in Bildform. Alle Schüler machen sich auf den Weg durch die Klasse und versuchen ihren Partner zu finden, indem sie ihr eigenes Wort benennen.

Mit Schülern, die bereits englische Wörter lesen können, kann man den gleichen Begriff oder kurze Sätze auf Englisch und Deutsch finden lassen.

Sehr beliebt bei den Schülern sind auch Rätsel und ihre Lösungen: Schüler (A) hat eine Karte mit dem Satz: „It is small and it is black and yellow." und trifft auf Schüler (B), der das Kärtchen mit der passenden Antwort besitzt: „It is a bee." Diese Rätsel können zu allen Themengebieten erstellt werden.

Maoam

Lernjahr: ab dem ersten Schuljahr

Arbeits- und Sozialform: Gruppenfindung nach dem Zufallsprinzip

Verlauf: Die Schüler erhalten alle ein Kaubonbon aus einer Fünfer-Packung Maoam. Dies kann während der Themenreihe zu fruits oder colours eingesetzt werden. Alle Schüler mit der gleichen Geschmackssorte oder gleichen Farbe finden sich als Gruppe zusammen. Für kleinere Gruppen werden einfach weniger Kaubonbons pro Sorte verteilt.

Word puzzle

Lernjahr: ab dem dritten Schuljahr

Arbeits- und Sozialform: Partnerfindung nach dem Zufallsprinzip

Verlauf: Die Lehrkraft bereitet Wortkärtchen vor, die sie als Puzzleteile in zwei Stücke zerschneidet. Jeder Schüler erhält einen Teil eines Wortes und versucht, das Gegenstück seines Wortpuzzles zu finden. Haben sich zwei Schüler gefunden, suchen sie sich einen Platz, an dem sie gemeinsam arbeiten können. Anstelle von Wortkarten können auch Bilder aus einem bestimmtem Themenbereich eingesetzt werden. Diese Variation ist vor allem für Schüler des ersten und zweiten Schuljahres gedacht.

Quartett

Lernjahr: ab dem dritten Schuljahr

Arbeits- und Sozialform: Gruppenfindung nach dem Zufallsprinzip

Verlauf: Die Kopiervorlage (KV 19) wird kopiert und an die Schüler verteilt. Ein Quartett Spiel mit geläufigen Oberbegriffen wird an die Kinder verteilt. Es existieren immer so viele Oberbegriffe wie Gruppen zustande kommen sollen. Zu jedem Oberbegriff – wie *clothes* – befinden sich vier Unterbegriffe auf der Karte, die den Schülern geläufig sind und an sie verteilt werden (T-Shirt, pullover, skirt, jeans). Die Schüler laufen in der Klasse umher und versuchen, durch das Benennen ihrer eigenen Karte ihre Gruppenmitglieder zu finden.

Appointment calendar

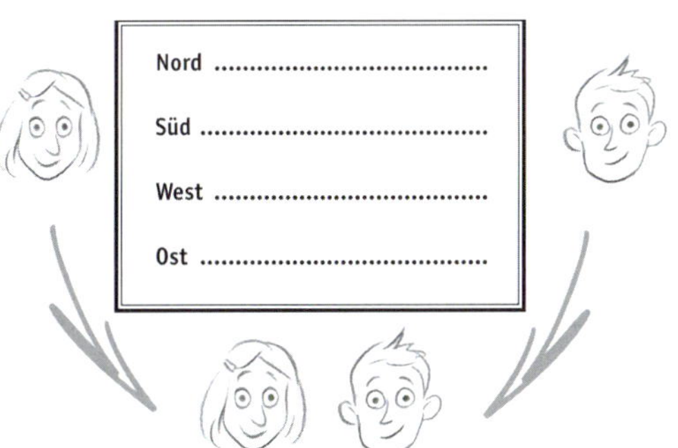

Lernjahr: ab dem zweiten Schuljahr

Arbeits- und Sozialform: Partnerfindung nach gezielten Vorgaben

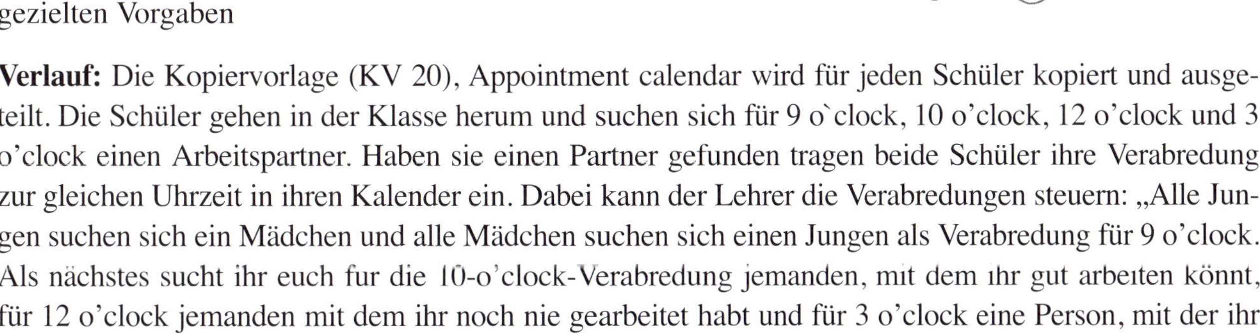

Verlauf: Die Kopiervorlage (KV 20), Appointment calendar wird für jeden Schüler kopiert und ausgeteilt. Die Schüler gehen in der Klasse herum und suchen sich für 9 o`clock, 10 o'clock, 12 o'clock und 3 o'clock einen Arbeitspartner. Haben sie einen Partner gefunden tragen beide Schüler ihre Verabredung zur gleichen Uhrzeit in ihren Kalender ein. Dabei kann der Lehrer die Verabredungen steuern: „Alle Jungen suchen sich ein Mädchen und alle Mädchen suchen sich einen Jungen als Verabredung für 9 o'clock. Als nächstes sucht ihr euch für die 10-o'clock-Verabredung jemanden, mit dem ihr gut arbeiten könnt, für 12 o'clock jemanden mit dem ihr noch nie gearbeitet habt und für 3 o'clock eine Person, mit der ihr noch nicht so viel gesprochen habt und die ihr näher kennenlernen möchtet."

Vor diesem Hintergrund kann der Lehrer je nach anstehender Arbeit entscheiden, welche Verabredung zusammenarbeitet. Der Appointment calendar kann über mehrere Wochen bestehen bleiben und immer wieder eingesetzt werden.

Birthday calendar

Lernjahr: ab dem zweiten Schuljahr

Arbeits- und Sozialform: Partnerfindung oder Gruppenfindung nach dem Zufallsprinzip

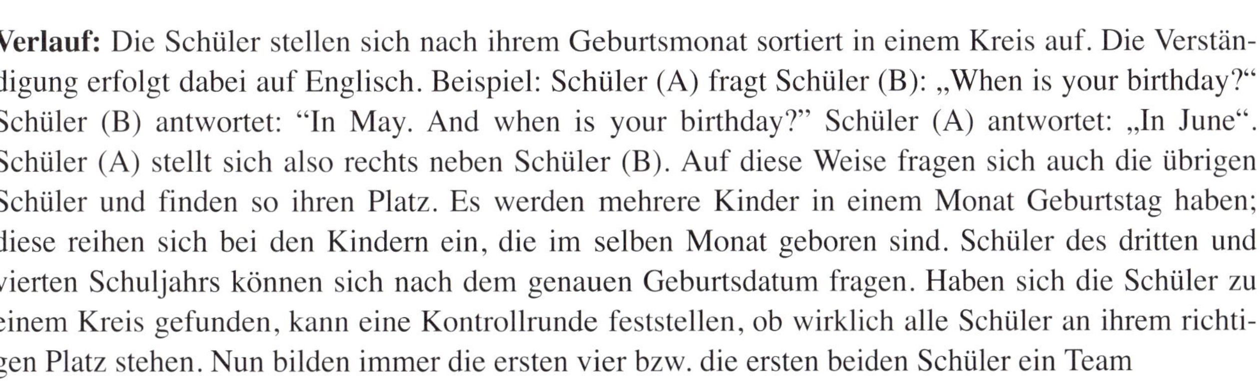

Verlauf: Die Schüler stellen sich nach ihrem Geburtsmonat sortiert in einem Kreis auf. Die Verständigung erfolgt dabei auf Englisch. Beispiel: Schüler (A) fragt Schüler (B): „When is your birthday?" Schüler (B) antwortet: "In May. And when is your birthday?" Schüler (A) antwortet: „In June". Schüler (A) stellt sich also rechts neben Schüler (B). Auf diese Weise fragen sich auch die übrigen Schüler und finden so ihren Platz. Es werden mehrere Kinder in einem Monat Geburtstag haben; diese reihen sich bei den Kindern ein, die im selben Monat geboren sind. Schüler des dritten und vierten Schuljahrs können sich nach dem genauen Geburtsdatum fragen. Haben sich die Schüler zu einem Kreis gefunden, kann eine Kontrollrunde feststellen, ob wirklich alle Schüler an ihrem richtigen Platz stehen. Nun bilden immer die ersten vier bzw. die ersten beiden Schüler ein Team

Partner dice

Lernjahr: ab dem ersten Schuljahr

Arbeits- und Sozialform: Partnerfindung nach dem Zufallsprinzip

Verlauf: Die Schüler stehen hinter ihren Plätzen. Das erste Kind beginnt und würfelt mit einem Schaumwürfel eine Zahl. Es wird beispielsweise eine 4 gewürfelt. Nun wird sein Partner anhand der gewürfelten Augenzahl ausgezählt. Der ausgezählte Schüler ist darauf hin sein Arbeitspartner. Beide Schüler setzten sich zusammen an einen Tisch. Danach würfelt das nächste freie Kind, bis jeder einen Partner hat. Es wird dabei auf Englisch ausgezählt. Diese Form der Partnerfindung lässt sich während der Themenreihe zu Zahlen durchführen.

Variation: Schüler, die bereits Zahlen über zehn kennen, können auch mit zwei Schaumwürfel würfeln.

Pass the paper

Lernjahr: ab dem ersten Schuljahr

Arbeits- und Sozialform: Partnerfindung nach dem Zufallsprinzip

Verlauf: Jedes zweite Kind schreibt seinen Namen auf einen Zettel, faltet diesen und überreicht ihn einem anderen Kind, das seinen Namen nicht notiert hat. Jedes Kind, das einen Zettel erhalten hat, stellt sich in einen Kreis. Die Schüler singen ein Lied, das thematisch in den Unterricht passt. Währenddessen werden die Zettel im Kreis weitergereicht, bis das Lied endet. Der letzte angekommene Zettel kann geöffnet werden und benennt den neuen Arbeitspartner für die Stunde.

4.2 Kontaktaktivitäten

Nachdem sich die Partner oder die Gruppen gefunden haben, könnte nun die eigentliche Arbeitsphase beginnen. Doch immer wieder verhindern Störungen wie Streitigkeiten unter den Schülern oder kontraproduktive Äußerungen von- „Mit denen will ich aber nicht arbeiten.“ bis hin zur kompletten Verweigerung- diese Phase. Dieses Verhalten ist nicht verwunderlich, denn oft werden Schüler, die sich auf der Beziehungsebene fremd sind, per Zufall zusammengelost. So müssen eine vertrauensvolle Basis geschaffen und ein Gemeinschaftsgefühl entwickelt werden, bevor mit der Erarbeitung der eigentlichen Lernziele im Unterricht begonnen werden kann. Auch in Klassen, in denen ein intaktes soziales Klima herrscht, brauchen die Kinder Kontaktaktivitäten, um sich auf das neue Team einzustimmen und als Gruppe zu agieren. Eine teamgeistfördernde Aktivität gibt den Schülern die Gelegenheit, eine Beziehung mit ihren Gruppenmitgliedern aufzubauen und mögliche Barrieren zu brechen.

Außerdem ist es im Englischunterricht besonders wichtig, dass sprachliche Hemmungen unter den Schülern verloren gehen und sie angstfrei kommunizieren können. Eine teamstärkende Aktivität sollte folgende Kriterien erfüllen:

- Sie sollte kurz und relativ schnell im Unterricht realisierbar sein.
- Sie sollte eine positive Stimmung in der Gruppe hervorrufen und Spaß machen.
- Sie sollte jeden Schüler aktiv werden lassen.

Die folgenden Kontaktaktivitäten sind ohne größere Vorbereitung oder spezielle Materialien umsetzbar. Die Methoden sind als Vorbereitung für vorbereitende kooperative Lern- und Arbeitsphasen mit Gruppen, aber auch mit dem Partner hilfreich. Bei erstmaliger Durchführung der Aktivitäten kann der zeitliche Umfang von den Angaben abweichen. Mit jedem neuen Einsatz werden die Schüler routinierter im Ablauf und in der Ausführung.

Speech contest

Lehrjahr: ab dem ersten Schuljahr

Vorkenntnisse: bekanntes Wortmaterial zum behandelten Themenbereich

Material: Kärtchen mit bekannten englischen Begriffen oder Bildern

Zeit: ca. 10 Minuten

Verlauf: Jeder Schüler denkt sich einen englischen Begriff oder einen Satz aus, den er seinen Teammitgliedern vorspricht. Allerdings wird die Aufgabe erschwert, indem der Sprecher eine Grimasse ziehen muss, während er das Wort oder den Satz spricht. Dadurch wird die Aussprache sehr undeutlich, aber auch lustig. Zum Schluss dieser Phase kann jede Gruppe ihr lustigstes Wort einmal im Plenum vorstellen. Diese Kontaktaktivität kann auch in Zweiergruppen durchgeführt werden.

Word painter

Lehrjahr: ab dem zweiten Schuljahr

Material: drei Wort- bzw. Bildkärtchen, ein Blatt und ein Stift pro Gruppe

Zeit: ca. 10 Minuten

Verlauf: Die einzelnen Teams stellen sich in ihren Gruppen hintereinander in einer Reihe auf. Die Lehrerin verteilt an die jeweils letzte Person jeder Gruppe drei Wort- oder Bildkärtchen. Die Begriffe werden dem Vordermann auf den Rücken „gemalt“. Der Vordermann versucht zu erspüren, was er soeben auf seinen Rücken „gemalt“ bekommen hat. Nachdem er festgestellt hat, um welches Wort es sich handelt, flüstert er es seinem Hintermann ins Ohr, der erst die Richtigkeit des Wortes bestätigen muss, bevor es dem nächsten Vordermann auf den Rücken „gemalt“ wird. Dies geht solange weiter, bis der Begriff bei der ersten Person angelangt ist. Der Erste in der Reihe schreibt den erspürten Begriff auf ein Blatt, das vor ihm liegt und zeigt es der letzten Person in der Reihe, die die Wort- oder Bildkarte gesehen hat. Alternativ kann das Wort auch der letzten Person zugeflüstert werden. Für jeden richtig erkannten Begriff erhält das Team einen Punkt. Gewonnen hat das Team mit den meisten Punkten.

Beispiele sind Begriffe wie: *house, heart, star, tree, flower, car* oder andere möglichst eindeutige Symbole wie Zahlen oder Buchstaben.

Similarities – Gemeinsamkeiten finden

Lehrjahr: ab dem zweiten Schuljahr

Material: ein Blatt und ein Stift pro Schüler

Zeit: ca. 15 bis 20 Minuten

Verlauf: Die Schüler malen ihre Handfläche auf ein Blatt und schreiben auf Englisch bzw. malen ihr Lieblingstier in den Daumen, ihre Lieblingsfarbe in den Zeigefinger, ihre Lieblingsfrucht in den Mittelfinger, ihr Lieblingsspiel oder Hobby in den Ringfinger und ihr Lieblingsschulfach in den kleinsten Finger. Die Schüler erzählen der Gruppe reihum was sie am liebsten mögen. Dies erfolgt in Englisch mit den Sätzen: „I like monkeys, I like the color green, I like apples, I like tennis and I like English.“ Haben zwei Schüler einer Gruppe, eine Gemeinsamkeit gefunden, notieren sie sich einen Punkt. Dieser wird in der Handfläche festgehalten. Anschließend zählen die Gruppen ihre Punkte zusammen. Die Gruppe mit den meisten Punkten gewinnt.

Tipp: Weitere Ideen, zu denen die Schüler Gemeinsamkeiten finden könnten sind: Lieblingsort, Lieblingssong, Lieblingsfilm, Lieblingsbuch, liebstes Kleidungsstück

Diese Kontaktaktivität kann auch vor einer Partnerarbeit eingesetzt werden.

Who is it?

Lehrjahr: ab dem ersten Schuljahr

Ziel: Entwicklung von Teamstärke

Material: ein Tuch oder eine Augenbinde pro Gruppe

Zeit: ca. 10 Minuten

Verlauf: Immer ein Schüler jeder Gruppe bekommt seine Augen verbunden. Seine Aufgabe ist es, seine Teammitglieder an den Händen, Gesicht und Haaren zu ertasten. Dabei fragt er auf Englisch: „Is it Toni?“ Die anderen Schüler der Gruppe antworten daraufhin gemeinsam mit „Yes, it is.“ oder „No, it isn't.“

Tipp: Besprechen Sie im Vorfeld, wie man seinen Gegenüber vorsichtig ertastet, ohne ihn zu verletzen.

Guessing game

Lehrjahr: ab dem ersten Schuljahr

Zeit: ca. 5 Minuten

Verlauf: Immer ein Schüler beginnt, ein Tier oder eine Handlung pantomimisch oder mit Geräuschen darzustellen. Die Teammitglieder versuchen, mit dem Fragesatz „Is it a dog?“ zu erraten, um welchen englischen Begriff es sich handelt.

Als Variationsmöglichkeit können die Schüler eigene kurze Rätsel erfinden, die in der Gruppe erraten werden sollen. Beispiel: „It is small, it is grey or white and it likes cheese. What is it?“

Interview

Lehrjahr: ab dem ersten Schuljahr

Material: evtl. einen Stift als Mikrofon

Zeit: ca. 5 Minuten

Verlauf: Die Schüler begrüßen sich und stellen sich gegenseitig in einer vorgegebenen Zeit alle Fragen, die sie bis jetzt gelernt haben. Um die Interview- Situation realer wirken zu lassen, können die Schüler einen Stift als Mikrofon benutzen.

4.3 Vokabellernen mal anders – Einführung, Aktivierung und Wiederholung

Zweifellos möchte jeder Englischlehrer, dass seine Schüler möglichst viele Kompetenzen erlangen, die englische Sprache selbstständig und produktiv anzuwenden. Dazu sind ausreichende Inputs und Lernmöglichkeiten nötig.

Das Vokabellernen ist einer der wichtigsten Bestandteile im Fremdsprachenunterricht und der Grundbaustein, um eine fremde Sprache eigenständig nutzen zu können. Allerdings kann das Vokabellernen in der Grundschule nicht – wie die meisten es noch aus ihrer Schulzeit kennen – mit Vokabelheft und Schulbuch funktionieren.

Abgesehen davon, dass die Voraussetzungen für die Vokabelheftmethode in den ersten beiden Schuljahren gar nicht gegeben sind, da die Kinder in dieser Zeit erst Schreiben und Lesen lernen, ist sie recht monoton und bietet keinerlei kommunikativen Anreiz für die Schüler. Wir wissen aus unseren eigenen Erfahrungen, dass wir eine Sprache erst dann lernen und verinnerlichen können, wenn wir sie auch regelmäßig anwenden. Schüler brauchen deshalb auch im Bereich des Vokabellernens sinnvolle Impulse für das Sprechen in der Fremdsprache. Da sich das Vokabellernen im ersten Schuljahr anders vollzieht als etwa im vierten Schuljahr, werden die folgenden Methoden für die jeweiligen Jahrgangsstufen differenziert dargestellt.

In den ersten beiden Schuljahren werden hauptsächlich Nomen, Adjektive und Verben gelehrt. Beim Erlernen des Wortschatzes unterscheidet man den produktiven, aktiven Wortschatz, der die Wörter enthält, die die Kinder auch anwenden können, und den rezeptiven Wortschatz, der für die inhaltliche Bedeutung beim Verstehen eines gehörten Textes oder beim Lesen wichtig ist. Beide können mithilfe von Kooperativen Methoden gleichermaßen gefördert werden, allerdings haben die folgenden Methoden das vorrangige Ziel, den produktiven Wortschatz zu erweitern und zu festigen. Denn Wörter, die aktiv angewendet werden können, sind auch immer im rezeptiven Wortschatz vorhanden.

Round up domino

Lehrjahr: erstes bis viertes Schuljahr

Ziel: Festigung und Wiederholung des bereits gelernten Wortschatzes

Arbeits- und Sozialform: Plenum oder Kleingruppen von zwei bis vier Personen

Verlauf: Die Kopiervorlage Round up domino (KV 21), ein Beispiel zum Wortfeld *fruits* für das erste Schuljahr wird im A4-Format kopiert. Jeder Schüler erhält jeweils eine Vorlage, auf der zwei verschiedene Früchte zu sehen sind.

Die Schüler stellen sich in einen Kreis. Das Kind mit der Start-Karte beginnt und benennt seine Frucht auf Englisch. Das Kind, das die gleiche Obstsorte besitzt, wiederholt das Wort und legt es an die erste Karte an. Die zweite Frucht, die auf der Karte zu sehen ist, wird im Plenum benannt und das nächste Kind legt seine passende Karte an. Das Spiel wird so lange fortgeführt, bis alle Karten abgelegt sind und die Karten Start und End sich treffen.

Erweiterung: Dieses kooperative Spiel kann zu vielen Themen hergestellt und je nach Jahrgangsstufe im Schwierigkeitsgrad variiert werden. Beispiele sind:

Erstes bis zweites Schuljahr	**Drittes bis viertes Schuljahr**
• Wort/Bild: *black* ■ • Ziffer/Zahl: 2 ●● • *Clothes and colors: red T-shirt and blue T-shirt, blue skirt and purple skirt*	• ausgeschriebene Wörter in Deutsch und Englisch: Hund/*dog*, Katze/*cat* • Gegensätze/*Opposites: black and white, small and tall, cold and warm, strong and weak, poor and rich, beautiful and ugly, dark and light*

Tipp: Sollten nicht so viele Vokabeln wie Kinder vorhanden sein, können auch zwei Kinder die Verantwortung für eine Karte übernehmen. Eine weitere Möglichkeit ist, dass die Schüler in Kleingruppen agieren.

Ist der Ablauf des Spiels bekannt, kann die Methode auch auf Zeit durchgeführt werden. Die Gruppe oder die einzelnen Teams werden feststellen, dass sie nach jedem Durchgang besser und schneller werden.

Lehrjahr: drittes bis viertes Schuljahr

Ziel: Erweiterung eines neuen Wortschatzes/Wiederholung und Festigung eines bereits gelernten Wortschatzes

Arbeits- und Sozialform: Kleingruppen von mindestens drei bis vier Personen

Verlauf: Nachdem sich die Schüler in Kleingruppen gefunden haben, werden die Gruppenmitglieder von eins bis drei bzw. vier durchgezählt.

Jede Gruppe besitzt einen Vorsprecher, einen Übersetzer, einen Kontrolleur und Lober. Jeder Rolle wird eine Zahl zugeordnet. Ein Stapel von Bildkarten, die zu einem bestimmten Wortfeld erarbeitet werden sollen, liegt in der Mitte des Tisches. Auf der Rückseite steht das Wort auf Englisch. Nummer eins ist zum Beispiel der Vorsprecher, er nennt das erste Bild auf Deutsch. Nummer zwei übersetzt das Wort auf Englisch, wobei Nummer drei sich das Bildkärtchen nimmt und die Aussage von Person zwei kontrolliert, lobt oder gegebenenfalls verbessert. Zu jeder neuen Bildkarte rotieren die Aufgaben der Schüler. Nummer zwei übernimmt die Rolle des Vorsprechers, Nummer drei die des Übersetzers und Nummer eins die des Kontrolleures und Lobers. Auf diese Weise ist jeder Schüler einmal Vorsprecher, Übersetzer, Kontrolleur und Lober. Sollte eine Gruppe aus vier Schülern bestehen, übernimmt die vierte Person die Rolle des Helfers, der als Joker hinzugezogen werden darf, falls ein Wort unklar ist. Mit Hilfe dieser Methode können sich die Schüler untereinander auch in der Aussprache korrigieren und unterstützen.

Erweiterung: Das Team tournament kann in der Rollen- und Aufgabenverteilung variiert werden.

Beim Einüben eines Theatertextes:

- Vorleser: liest den Satz auf Englisch
- Übersetzer: übersetzt den gehörten Satz auf Deutsch
- Kontrolleur: lobt beide Personen oder verbessert sie gegebenenfalls

Alle lesen den gehörten englischen Satz nochmals im Kanon vor.

Üben der Rechtschreibung einfacher Wortfelder:

- Vorsprecher: benennt das englische Wort
- Übersetzter: übersetzt das gehörte Wort auf Deutsch
- Buchstabierer: buchstabiert das englische Wort
- Kontrolleur: überprüft anhand der Wort-/Bildkarteikarten und lobt den Übersetzer oder verbessert ihn gegebenenfalls

Inside-outside circle

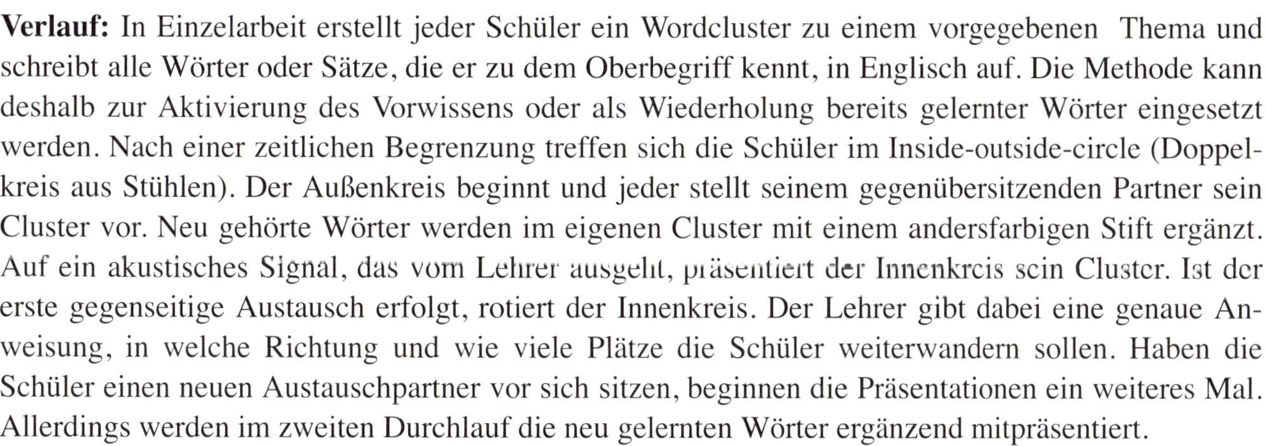

Lehrjahr: erstes bis viertes Schuljahr

Ziel: Vorwissen aktivieren/Wiederholung und Festigung des bereits gelernten Wortschatzes

Arbeits- und Sozialform: Einzel-/Partnerarbeit

Verlauf: In Einzelarbeit erstellt jeder Schüler ein Wordcluster zu einem vorgegebenen Thema und schreibt alle Wörter oder Sätze, die er zu dem Oberbegriff kennt, in Englisch auf. Die Methode kann deshalb zur Aktivierung des Vorwissens oder als Wiederholung bereits gelernter Wörter eingesetzt werden. Nach einer zeitlichen Begrenzung treffen sich die Schüler im Inside-outside-circle (Doppelkreis aus Stühlen). Der Außenkreis beginnt und jeder stellt seinem gegenübersitzenden Partner sein Cluster vor. Neu gehörte Wörter werden im eigenen Cluster mit einem andersfarbigen Stift ergänzt. Auf ein akustisches Signal, das vom Lehrer ausgeht, präsentiert der Innenkreis sein Cluster. Ist der erste gegenseitige Austausch erfolgt, rotiert der Innenkreis. Der Lehrer gibt dabei eine genaue Anweisung, in welche Richtung und wie viele Plätze die Schüler weiterwandern sollen. Haben die Schüler einen neuen Austauschpartner vor sich sitzen, beginnen die Präsentationen ein weiteres Mal. Allerdings werden im zweiten Durchlauf die neu gelernten Wörter ergänzend mitpräsentiert.

Tipp: Damit Sie und Ihre Schüler lange Freude an dieser Methode haben, sollten Sie das Karussell maximal dreimal drehen lassen. Es besteht die Gefahr, dass die Schüler nach der dritten Präsentation ermüden.

Pair check

Lehrjahr: erstes bis viertes Schuljahr

Ziel: Wiederholung und Festigung des bereits gelernten Wortschatzes

Arbeits- und Sozialform: Partnerarbeit

Verlauf: Die zu übenden Wörter werden je nach Altersstufe als Bilder oder Wortbilder in die Kopiervorlage Pair check (KV 22) übertragen. Der erste Schüler (A) beginnt und benennt oder liest das erste Wort auf Englisch. Der zweite Schüler (B), übersetzt das Wort auf Deutsch und schreibt es auf Englisch auf. Der Schüler (A) bestätigt die Übersetzung und lobt. Daraufhin werden die Rollen getauscht und der Schüler (B) benennt das nächste Wort auf Englisch. Diese Übungseinheit vollzieht sich im ständigen Wechsel.

Erweiterung: Schüler, die sich im dritten und vierten Lernjahr befinden, können bereits mit kurzen Sätzen anstelle einzelner Wörter arbeiten. Als Differenzierungsmöglichkeit kann den Schülern eine blanko Pair-check-Vorlage auf der Rückseite angeboten werden, auf der sie eigene Wörter zur Wiederholung aufschreiben können.

Tipp: Da gerade den jungen Schülern der Ablauf dieser Form der Partnerarbeit nicht geläufig ist, sollte der Lehrer sie zur Einführung mit einem Schüler zusammen auf dem Overhead-Projektor demonstrieren.

Battleships

Lehrjahr: erstes bis viertes Schuljahr

Ziel: Wiederholung und Festigung des bereits gelernten Wortschatzes

Arbeits- und Sozialform: Partnerarbeit

Verlauf: Die Kopiervorlage Schiffe versenken (KV 23) wird vom Lehrer mit dem behandelten Wortmaterial gefüllt, beispielsweise zum Themenbereich *Numbers and colors*.

Bei jüngeren Schülern werden Bilder in die Felder kopiert. Ältere Schüler schreiben die behandelten Vokabeln ins Rasterfeld. Nachdem jeder Schüler einen Spielplan erhalten hat, werden drei Kreuze in den Plan eingetragen. Wichtig dabei ist, dass der Spielpartner nicht sieht, wo sich die Kreuze befinden. Im Wechsel versuchen die Schüler, die eingetragenen Kreuze des Partners zu finden. Zum Beispiel: Schüler (A) sagt: „blue – one“ Schüler (B) schaut nach, ob er unter den Koordinaten ein Kreuz gesetzt hat. Hat Schüler (A) richtig geraten, darf er nochmals einen Tipp abgeben, andernfalls ist Schüler (B) mit dem Raten an der Reihe. Ziel ist, dass alle Kreuze gefunden werden.

Erweiterung: Diese Methode kann bei allen Wortfeldern angewandt werden. Als Erweiterung werden die englischen Begriffe in ausgeschriebener Form in alle Felder eingesetzt. Auf diese Weise werden nicht nur die Aussprache und das Verständnis geübt, sondern auch die Lesekompetenz der Schüler erweitert.

Activity memory

Lehrjahr: erstes bis viertes Schuljahr

Ziel: Wiederholung und Festigung des bereits gelernten Wortschatzes

Arbeits- und Sozialform: im Plenum

Verlauf: Es spielen mindestens zwei und maximal vier Kinder gegeneinander. Insgesamt wird mit der ganzen Klasse gespielt. Alle Schüler (außer die vier Memoryspieler) erhalten eine Bild- bzw. Wortkarte mit einer bereits gelernten Vokabel. Wie auch im üblichen Memoryspiel existieren alle Karten doppelt. Die vier gegnerischen Schüler gehen bei einem Startsignal zeitgleich von einem Schüler zum nächsten und versuchen durch die Frage: „What/Who are you?“ zu erfahren, welches Wort sie besitzen. Hat ein Memoryspieler ein Pärchen gefunden, müssen die beiden Schüler zusammengestellt werden und der Spieler erhält einen Punkt. Ziel des Spiels ist es, möglichst viele Vokabelpärchen zu finden.

Erweiterung: Dieses Vokabelspiel kann zu allen Wortfeldern und für alle Jahrgänge eingesetzt werden. Für die dritten und vierten Schuljahre können Sätze mit zwei bis drei Worten eingesetzt werden.

Tipp: Die vier Memoryspieler sollten zunächst abwechselnd zu den übrigen Schülern gehen, damit alle die Satzstruktur verinnerlichen und den Ablauf des Spiels kennenlernen können. Deshalb ist auch zu empfehlen, dass zu Beginn nur zwei Kinder gegeneinander spielen.

Memory

Lehrjahr: erstes bis viertes Schuljahr

Ziel: Wiederholung und Festigung des bereits gelernten Wortschatzes

Arbeits- und Sozialform:
Gruppenarbeit, maximal sechs Schüler

Verlauf: Die Schüler arbeiten in Zweier-Teams zusammen. Anders als beim Activity memory sitzen die Schüler am Platz oder auf dem Boden. Wie beim bekannten Memoryspiel ist das Ziel, möglichst viele Bildkartenpaare zu finden. Das behandelte Wortmaterial wird in Form von Bildkärtchen vorbereitet. Die Teams werden durchnummeriert und erhalten jeweils eine verantwortungsvolle Rolle.

- Team 1 beginnt und deckt zwei Karten auf. Jeder der beiden Schüler benennt sein aufgedecktes Bild auf Englisch.
- Team 2 überprüft anhand einer Bild-/Wortliste, ob die Benennung stimmig ist und lobt die Schüler bzw. verbessert sie gegebenenfalls.
- Team 3 achtet auf die Zeit, damit jedes Team nicht länger als zehn Sekunden Zeit für die Benennung hat. Es sollte eine Uhr mit Sekundenzeiger in der Klasse hängen. Die zeitliche Begrenzung soll dafür sorgen, dass sich die Gruppen nicht unendlich viel Zeit zum Überlegen lassen.

Das Team erhält für jedes richtig übersetzte Wort einen Punkt. Ist es dem Team nicht möglich, das Wort zu übersetzen, dürfen die anderen Teams helfen. Nach jeder Runde rotieren die Rollen. Team 2 deckt die Bildkarten auf, Team 3 kontrolliert die Übersetzung und Team 1 achtet auf die Zeit. Auf diese Weise hat jedes Team jede Rolle übernommen.

Am Ende des Spiel hat das Team gewonnen, das die meisten richtigen Worte genannt hat, ebenso das Team, das die meisten Wortpaare gefunden hat.

Erweiterung: Schüler des dritten und vierten Jahrgangs können das Spiel mit Paaren, die aus einem Bild und einem Wort bestehen, erhalten. Auf diese Weise wird auch die Lesefähigkeit der Schüler trainiert.

Tipp: Da sich die Teams selbst kontrollieren und die Punkte vergeben, sollten alle ins Spiel integrierten Wörter im Vorfeld wiederholt und im Plenum vorgesprochen werden. Wichtig ist auch, den Schülern deutlich zu machen, wie wichtig Ehrlichkeit ist, damit das Spiel funktioniert.

Round table

Lehrjahr: ab dem ersten Schuljahr

Ziel: Wiederholung und Festigung des bereits gelernten Wortschatzes

Arbeits- und Sozialform: Plenum

Verlauf: Diese Methode kann am Ende eines Halbjahres stattfinden, wenn im Englischunterricht bereits mehrere Oberthemen behandelt worden sind. Auf jedem Gruppentisch befindet sich ein großes weißes Flipchart-Papier, auf dem sich als Überschrift jeweils eines der behandelten Themen befindet. Sollten keine Gruppentische vorhanden sein, können die Flipchart-Bögen auch an verschiedenen Stellen in der Klasse befestigt werden.

Die Schüler gehen als geschlossene Gruppe von maximal vier Personen zu einem Papierbogen und schreiben alle Wörter und Ausdrücke auf, die sie zu dem Thema behalten haben. Jeder in der Gruppe soll abwechselnd etwas zu dem Oberbegriff aufschreiben. Auf ein akustisches Signal hin wechselt jede Gruppe zum nächsten Flipchart-Bogen. Jede Gruppe liest die bereits vorhanden Wörter und Sätze und vervollständigt diese mit ihrem Wissen. Da jede Gruppe immer mit der gleichen Farbe schreibt, hat der Lehrer anschließend einen Überblick, welche Gruppen mit welchem Wissen zu den Themen beigetragen hat.

Erweiterung: Je nach Schuljahr können die Schüler die Wörter auf Englisch oder auf Deutsch aufschreiben. Am Ende können die deutschen Wörter von den einzelnen Gruppen mündlich übersetzt werden.

Catch the ball

Lehrjahr: ab dem ersten Schuljahr

Ziel: Aktivierung des bereits gelernten Begrüßungsritual zu Beginn einer Stunde

Arbeits- und Sozialform: maximal vier Personen

Verlauf: Die Schüler erhalten in der Gruppe einen kleinen Ball, den sie sich gegenseitig zuwerfen oder zurollen. Der Fänger muss ein bekanntes Wort aus der aktuellen Themenreihe auf Englisch benennen und anschließend übersetzen. Die aktuellen Bildkarten können dafür an der Tafel hängen.

Anschließend wird der Ball einem anderen Kind zugeworfen, das ein neues Wort benennt. Fällt einem Kind kein Wort ein, spielt es den Ball an einen neuen Schüler weiter.

Da das Spiel zur Aktivierung bereits gelernter Wörter eingesetzt wird, sollte es nicht länger als zehn Minuten gespielt werden.

Variationsmöglichkeit als Begrüßungsritual: Alternativ zu einzelnen Wörtern können sich die Kinder auch gegenseitig Fragen stellen. Falls nicht genug Bälle zur Verfügung stehen, können sich die Schüler auch unsichtbare Bälle zuwerfen.

Placemat

Lehrjahr: zweites bis viertes Schuljahr

Ziel: Vorwissen aktivieren/Wiederholung und Festigung des bereits gelernten Wortschatzes

Arbeits- und Sozialform: Partnerarbeit

Verlauf: Nachdem sich die Schüler mit ihren Partner zusammengefunden haben, erhalten sie zu zweit die Kopiervorlage Placemat (KV 24). Das Oberthema wird in die Mitte geschrieben. Die Partner sitzen sich gegenüber. Jeder hat etwa zehn bis 15 Minuten Zeit, alle Wörter auf Deutsch aufzuschreiben, die er zu einem bestimmten Thema auf Englisch sagen kann. Nach der Erarbeitungsphase erfolgt der Austausch zwischen beiden Partnern auf Englisch. Die Schüler wechseln sich mit dem Sprechen ab. Für jede richtig genannte Vokabel erhält das Kind einen Punkt der in einer Strichliste in der Mitte des Placemats notiert wird. Bei Unsicherheiten kann mit einem Wörterbuch kontrolliert werden. Hat ein Schüler eine Vokabel gefunden, die sein Partner nicht aufgeschrieben hat, erhält er zwei Punkte. Sein Partner ergänzt die neu gehörte Vokabel mit einem andersfarbigen Stift auf Deutsch. Auf diese Weise kann er am Ende des Spiels sehen, wie viele neue Wörter er zum Thema gehört hat. Damit die neuen Vokabeln auch im Gedächtnis bleiben, werden die andersfarbigen Wörter nochmals wiederholt und anschließend gegenseitig abgefragt.

Die Schüler können mit Hilfe dieser Methode alte Wörter wiederholen, neue Wörter kennen lernen, sich ergänzen und ihre Aussprache verbessern.

Erweiterung: Wenn das Wortmaterial im Vorfeld intensiv behandelt worden ist, können Schüler des dritten und vierten Schuljahres die Vokabeln auf Englisch notieren.

Bevor es zum mündlichen Austausch kommt, erfolgt die Überarbeitung der Wörter mit einem bildgestützten children's dictionaire. Auf diese Weise kann der Umgang mit einem Wörterbuch trainiert und die Korrektheit der Schriftsprache erhöht werden.

Tipp: Bei der Partnerzusammensetzung sollte auf die Heterogenität der Leistung innerhalb der Paare geachtet werden. Schüler mit homogenen Leistungen können sich in der Austauschphase nur wenig ergänzen, während heterogene Teams sich auf der sozialen sowie auf der kognitiven Ebene bereichern.

Team quiz

Lehrjahr: ab dem zweiten Schuljahr

Ziel: Überprüfung des bereits gelernten Wortschatzes

Arbeits-und Sozialform: Gruppenarbeit, maximal vier Personen

Verlauf: Die Schüler befinden sich in einer Gruppe und haben das vorgegebene Wortmaterial mit Hilfe der Team-tournament-Methode geübt. Innerhalb ihrer Gruppe werden sie von eins bis vier durchnummeriert. Für jede Gruppe hängt ein Schreibblatt an der Tafel. Die Lehrkraft nennt ein deutsches Wort, das übersetzt werden soll. Nach einer kurzen Besprechungszeit von zwei bis drei Sekunden läuft von jeder Gruppe Schüler 1 nach vorn zur Tafel und schreibt die Übersetzung auf das vorbereitete Blatt. Jedes Team erhält einen Punkt, wenn die Übersetzung richtig ist. Danach folgt das nächste Wort für alle Schüler mit den Nummern 2, 3 oder 4. Die Reihenfolge kann die Lehrkraft bestimmen. Das Spiel endet, sobald die erste Gruppe zehn Punkte erreicht hat.

Erweiterung: Die Lehrkraft kann entscheiden, ob die Übersetzungen vom Deutschen ins Englische oder vom Englischen ins Deutsche vorgenommen werden sollen. Für Schüler des zweiten Schuljahres sollte die Übersetzung vom Englischen ins Deutsche erfolgen, da sie die englische Schreibweise noch nicht gelernt haben. Schüler höherer Jahrgänge können u. U. bereits ganze Sätze ins Englische oder ins Deutsche übersetzen.

T-chart

Lehrjahr: ab dem dritten Schuljahr

Ziel: Wiederholung und Festigung des bereits gelernten Wortschatzes

Arbeits- und Sozialform: Partnerarbeit

Verlauf: Jedes Paar erhält eine Kopiervorlage der T-chart (KV 25). Der erste Schüler beginnt und schreibt ein deutsches Wort zu einem vorgegebenen Wortschatz in die T-chart. Der zweite Schüler übersetzt das gelesene Wort mündlich und schreibt den englischen Begriff auf seiner Seite der T-chart auf. Danach schreibt wieder der zweite Schüler ein Wort auf Deutsch auf, das er zu dem Thema auf Englisch kennt und der erste Schüler übersetzt. Der Vorgang verläuft in diesem Wechsel weiter, bis die Tabelle vollständig gefüllt ist. Da die Schüler die Schreibweise der englischen Wörter wahrscheinlich noch nicht einwandfrei beherrschen, sollte ein Wörterbuch als Korrekturhilfe dazugenommen werden. Damit der Sprechfluss während der Partnerarbeit nicht durch das ständige Kontrollieren unterbrochen wird, erfolgt die Rechtschreibkontrolle, nachdem alle Wörter notiert wurden. Die Kontrolle und Korrektur der Wörter kann genauso im Wechsel erfolgen wie in den ersten Arbeitschritten: Schüler (A) schlägt die erste Vokabel im Wörterbuch nach und buchstabiert sie Schüler (B), der sie kontrolliert und gegebenenfalls verbessert. Danach wird getauscht und Schüler (B) schlägt die nächste Vokabel nach.

C&C Methode (Compare and Contrast)

Ziel:

- Teamaktivierung
- Arbeitsmethode für die Planung von Kleingruppenprojekten
- Für tiefgehende Inhaltliche und soziale Reflexionsprozesse nach einer Einzel;- Partner;- oder Gruppenarbeit

Lernjahr: ab dem 1 Schuljahr

Material: DinA3 Blatt / siehe Kopiervorlage

Verlauf: Die Schüler erhalten ein DINA3 Blatt KV

Verlauf für eine Teamaktivität:

Kinder brauchen sinnhafte Kommunikationsanlässe, um in der englischen Sprache über das reproduzierende hinaus sprechen zu können. Ritualisierte Situationen sind dabei hilfreich um in den Englischunterricht einzutauchen. Nach einer Partnerfindung bieten Teamaktivitäten, die gewünschte Plattform um sinnhafte Sprachsituationen zu erzeugen. Die C&C Methode gibt einen Rahmen vor, um die Kommunikation zu steuern und um jedem Kind die Möglichkeit zu bieten zu Wort zu kommen.

In der Mitte des C&C Set steht eine beginnende Fragestruktur, die den Kindern zur Unterstützung für die Formulierung der Frage bereit steht, beispielsweise „Do you like.....“

Kind 1 beginnt den Satz mit seinem aktiven Wortschatz zu beenden in dem es zum Beispiel Fragt „Do you like chicken?“ Jeder in der Gruppe bekommt der Reihe nach die Chance mit „Yes, I do“ oder „No ; I don`t“ zu antworten. Haben nun 3 Kinder die Antwort bejaht und 1 Kind verneint, wird das Wort oder in jüngeren Jahrgängen die Bildkarte auf das Feld mit der Ziffer 3 festgehalten. Dann ist das nächste Kind in der Gruppe an der Reihe eine neue Frage zu formulieren, wohingegen wieder jeder die Frage beantwortet.

Diese Fragerunde erschließt eine natürliche Differenzierung und ermöglicht allen Kindern auf ihrem Sprachniveau zu handeln. Außerdem gibt die Methode Anreize neues Vokabular dazuzulernen. Denn möchte ein Kind dringend erfahren, ob die anderen in der Gruppe auch gerne Frettchen mögen, er es aber nicht in seinem aktiven Wortschatz vorhanden hat, ist die Motivation besonders hoch, dies zu erfahren und in seinem mentalem Lexikon abzuspeichern. Die Schülerinnen und Schüler bringen sich auf diese Weise neues Vokabular bei, was in einer natürlichen Situation geschieht.

Der soziale Vorteil liegt darin, dass sich die Schüler besser untereinander kennenlernen und eine gute Basis für weitere gemeinsame Unterrichtsziele ermöglichen.

Für eine weitere Differenzierung können ergänzende Satzgerüste in der Mitte des C&CSets geschrieben werden wie zum Beispiel:

- „I don`t like ham, what about you?“
- „For my birthday I wish a mobile phone, what about you?“

Variation I: Planung von Kleinprojekten

Als Variation kann die Methode zum planen gemeinsamer Projekte genutzt werden. Zum Beispiel können im Rahmen der Unterrichtsreihe „Planet“ ein gemeinsamer Traumplanet in Kleingruppen geplant werden, bei der eine einstimmige Einigung der gemeinsamen Vorstellung getroffen werden muss. Diese lässt sich anschließend ohne Unstimmigkeiten in der Gruppe im Kunstunterricht umsetzen.

Mit gleicher Fragestruktur kann den Kindern ein variiertes Gerüst an die Hand gegeben werden: beispielsweise„Do you like ice-cream mountains on your dreamplanet?“

Weitere mögliche Planungsprojekte, die sich Fächerübergreifend anbieten sind zum Beispiel „Playground“, „School“, „House“, „Room“, „Zoo“, „Birthdayparty“, Halloweenparty“.

Variation II: Reflexion

In der Reflexionszeit bietet die Methode die Möglichkeit sich über gelernte Inhalte auszutauschen und diese schriftlich festzuhalten. Mit der Fragestruktur „What have you learned today?“ und dem passenden Antwortgerüst „I have learned to sing a song.“ können sich die Kinder in ihrem geschützten Raum austauschen und gelerntes festhalten. Benötigtes Schriftmaterial sind entweder an der Tafel vorhanden oder können nach Bedarf an der Tafel notiert werden. Sollten die Kinder bereits mit internetzugängigen Medien ausgestattet und vertraut sein, können auch diese zur Hilfe genommen werden.

Tiefgehender kann auch die Satzstruktur „What have helped you to remember the words/sentence/song/story?“ und dem passenden Antwortsatz „ The movements /German/the teacher/ the singing the song helped me to remember the words/song etc.“ Dabei kann es sein, dass nur das Gerüst auf englisch gesprochen wird und auf Deutsch ergänzt wird. Dies bietet aber wieder einen authentischen Anreiz das bestimmte Vokabular zu erfragen oder nachzuschlagen.

Ein weiterer Vorteil der Reflexionsmethode ist, dass jedes Kind die Möglichkeit hat über detaillierte Inhalte seines Lernprozesses nachzudenken, diese auszusprechen und mit anderen in einen sinnhaften kommunikativen Austausch zu kommen, der hier auf Englisch angeleitet wird.

4.4 Präsentationsmethoden

Präsentationen haben eine große Bedeutung für den sprachlichen Lernzuwachs der Schüler. Die Form der Präsentation kann sehr kommunikativ gestaltet werden, so dass nicht nur die präsentierenden Schüler zum Sprechen kommen, sondern auch die Zuhörenden. Kleine Vorträge und auch das Feedback können bereits in Englisch gehalten werden, nachdem die Schüler eine gut angeleitete Vorbereitungsphase hatten.

Das Präsentieren einer Gruppenarbeit ist eine ergebnisorientierte Reflexion und für Schüler wichtig, da ihre Arbeit direkt gewürdigt wird und Verbesserungsvorschläge für weitere Präsentationen genutzt werden können. Für schüchterne Schüler ist es oft schwierig vor einer großen Gruppe aufzutreten. Deshalb ist es hilfreich wenn die Schüler zunächst lernen vor kleinen Gruppen zu sprechen. Im Vorfeld eingeplante Zeit für das Üben der Präsentation, kann für das sichere Auftreten unterstützend wirken.

Im folgenden Abschnitt werden einige Präsentationsmethoden dargestellt, die den Gesprächsanteil der Schüler im Gegensatz zu frontal geführten Präsentationen um ein Vielfaches erhöht.

Meeting points

Lehrjahr: ab dem ersten Schuljahr

Ziel: Wiederholung und Festigung des bereits gelernten Wortschatzes

Arbeits- und Sozialform: Partnerarbeit

Verlauf: Zu einem bestimmten Thema – etwa fruits – werden Fragen und mögliche Antworten für ein Interview gesammelt und im Plenum bezüglich der richtigen Aussprache geübt und analysiert. Schüler, die sich in ihrer Aussprache schon sicher genug fühlen, erhalten eine Vorlage für ein Interview, auf der die behandelten Fragen in Bildform dargestellt sind oder aufgeschrieben stehen. Sie gehen damit zu einem Meeting point, der zum Beispiel aus Teppichfliesen besteht. Die übrigen Schüler verbleiben bei der Lehrkraft, bis sie sich sicher genug fühlen, das Interview selbstständig zu führen. Es dürfen sich immer nur zwei Kinder an einer Station treffen. Haben sich zwei Schüler auf einer Teppichfliese niedergelassen, begrüßen sie sich mit Handschlag, bevor das Interview stattfindet. Das gegenseitige Vorstellen soll die Stimmung zwischen den zwei Schülern auflockern, bevor sie mit der eigentlichen Arbeit beginnen. Ist das Interview abgeschlossen und sind alle Antworten angekreuzt, gehen beide Schüler zu neuen Meeting points um ein neues Kind zu interviewen.

Erweiterung: Haben die Schüler bereits mehrere Interviews durchgeführt, kann in einer kurzen Reflexion im Plenum gehört werden, was die einzelnen Schüler über ihre Klassenkameraden erfahren haben.

Gallery tour

Lehrjahr: ab dem dritten Schuljahr

Ziel: Überprüfung des bereits gelernten Wortschatzes in Form einer Präsentation

Arbeits- und Sozialform: Gruppenarbeit, maximal vier Personen

Verlauf: Nachdem jede Gruppe eine Präsentation vorbereitet hat, erfolgt der Vortrag in Form der Gallery tour.

Die Präsentationen werden immer von zwei Teammitgliedern am Platz gehalten. Die anderen beiden Schüler gehen ähnlich wie bei der Karussell-Methode von einer Gruppe zur nächsten, um sich deren Vorträge anzuhören und ihnen ein Feedback zu geben. Wichtig ist, dass im Vorfeld Kriterien erarbeitet werden, um die Arbeit einer Gruppe objektiv zu bewerten. Das Feedback erfolgt mündlich auf Englisch und schriftlich in Form eines Ankreuzrasters (siehe Kopiervorlage Feedback). Der Vorteil eines schriftlichen Feedbacks ist, dass das Team die Verbesserungsvorschläge später noch für weitere Präsentationen nutzen kann. Nachdem sich der eine Teil der Gruppen alle Vorträge angehört hat, wird getauscht und die übrigen Teammitglieder, hören sich die Ergebnisse der anderen Gruppen an.

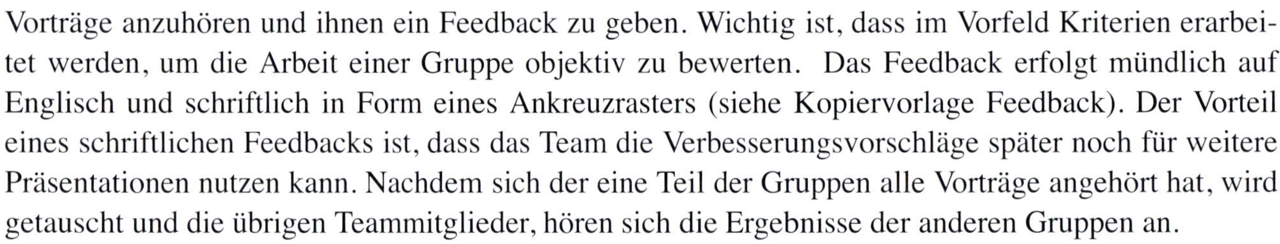

Auf diese Weise sind alle Schüler aktiv eingebunden und die Kommunikationszeit der einzelnen Schüler ist um ein Vielfaches höher als bei konventionellen Präsentationen im Plenum.

Corner talk

Lehrjahr: ab dem dritten Schuljahr

Ziel: Präsentation erarbeiteter Ergebnisse

Arbeits- und Sozialform: Einzelarbeit, Partnerarbeit, Gruppenarbeit

Verlauf: Jeweils vier Schüler oder Schülerpaare, die ihre Ergebnisse präsentieren wollen, stellen sich in je einer Ecke des Raumes auf. Die anderen Schüler verteilen sich gleichmäßig in den vier Ecken und hören der Präsentation zu. Der Vorteil ist, dass die präsentierenden Schüler vor einer relativ kleinen Gruppe präsentieren können und mehr Schüler die Möglichkeit haben, ihre Ergebnisse vorzustellen.

Jigsaw/Gruppenpuzzle

Lehrjahr: ab dem dritten Schuljahr

Ziel: Überprüfung des bereits gelernten Wortschatzes in Form einer Präsentation

Arbeits- und Sozialform: Gruppenarbeit, vier

Verlauf: Dies ist eine weitere Möglichkeit, die Schüler in Gruppen präsentieren zu lassen. Schüler eines Teams werden von eins bis vier durchnummeriert. Alle Schüler müssen sich so intensiv mit ihrem Arbeitsergebnis vertraut gemacht haben, dass sie es anderen Schülern fremder Gruppen vorstellen können. Alle Schüler mit der gleichen Nummer bilden eine neue Gruppe. Jeder Schüler präsentiert nun vor seiner neuen Gruppe sein Arbeitsergebnis. Die anderen Gruppenmitglieder geben anschließend ein Feedback, das auf vorgegebenen Kriterien basiert und für jede Gruppe in einem Ankreuzbogen schriftlich festgehalten. Nachdem alle Schüler einer Gruppe präsentiert haben, gehen sie zurück zu ihrer Ursprungsgruppe und tauschen sich über die erhaltenen Feedbacks aus. Für die zukünftigen Präsentationen überlegt sich jeder Schüler ein Ziel und schreibt es in sein Lerntagebuch auf: Worauf möchte er beim nächsten Mal achten? Was möchte er verbessern?

Bei der nächsten Präsentation kann der Schüler nochmals nachschlagen, welches Ziel er sich gesetzt hat und auf diese Weise seine Entwicklung nachvollziehen.

Zu folgenden Themen könnten die Schüler im Englischunterricht referieren:

- Wetter: einen eigenen Weather report schreiben und die dazugehörige Wetterkarte erstellen
- Kleidung und Farben: ein Modeplakat mit ausgefallenen und lustigen Kleidungsstücken anfertigen
- Zootiere: einen exotischen Zoo entwerfen
- Jahreszeiten: ein Gedicht schreiben und frei vortragen

4.5 Reflexionsmethoden für Partner- und Gruppenarbeit

Inwiefern die kooperative Arbeitsphase erfolgreich war, verdeutlicht die Reflexionsphase, die am Ende einer jeden Gruppen- oder Partneraktivität erfolgen sollte. Die Reflexion sollte sich dabei nicht nur auf die inhaltlichen Lernergebnisse beschränken, sondern vor allem bei der Einführung neuer Methoden auch die sozialen Aspekte berücksichtigen. Positive wie auch negative Ereignisse und Beobachtungen werden während dieser Phase ausgetauscht und besprochen. Erkenntnisse darüber, weshalb bestimmte Ziele nicht erreicht worden sind, können für zukünftige Gruppen- oder Partnerarbeiten hilfreich sein. Im Vorfeld muss den Schülern bewusst gemacht werden, auf was sie während der Arbeitsphase besonders achten sollen. Diese Aspekte sollten am besten visualisiert werden. Können die Schüler das soziale Ziel nachvollziehen, fällt es ihnen leichter, sich darauf zu konzentrieren und es umzusetzen. Man könnte die Schüler zum Beispiel nach dem Vorteil der Rollenverteilung während der Team-tournament-Methode (vgl. Kapitel 4.3) fragen. Sie werden schnell darauf kommen, dass die Rollenverteilung erforderlich ist, um sich beim Lernen besser zu unterstützen. Die Schüler sollen sich während der Reflexion bewusst machen, dass durch ein gutes Zusammenarbeiten Gruppenziele schneller und erfolgreicher erreicht werden, als wenn man alleine versucht das Ziel zu erreichen.

Mögliche Formulierungen für soziale Ziele im ersten und zweiten Schuljahr sind:

- Habt ihr eure Rollen eingehalten? *Have you kept to your role?*
- Habt ihr euch gegenseitig geholfen? *Have you helped each other mutually?*
- Ward ihr freundlich miteinander? *Have you been friendly to each other?*
- Habt ihr euch gegenseitig gelobt? *Have you commended each other mutually?*
- Habt ihr euch beim Reden angeschaut? *Have you looked at each other?*
- Konntet ihr euch einigen? *Could you agree on something?*

Mögliche Formulierungen für das dritte und vierte Schuljahr sind:

- Wie habt ihr euch geholfen? *How did you help each other?*
- Wie seid ihr miteinander umgegangen? *How did you handle each other?*
- Welche Rückmeldungen habt ihr euch gegeben? *What feedback have you given each other?*
- Wie habt ihr euch geeinigt? *How have you agreed?*

Sich und seine Leistungen in der Gruppe reflektieren zu können, erfordert ein hohes Maß an Ehrlichkeit und viel Übung. Auch wenn diese Fähigkeiten in einer ersten Jahrgangsstufe noch nicht aufgebaut sind, sollten sie auf kindgerechte Weise angeregt und angeleitet werden. Diese Kompetenzen sind für ihr weiteres Lernen grundlegend, denn Schüler die über ihren eigenen Lernprozess reflektieren und auftretende Probleme erkennen können, schaffen es, gezielter an ihren Defiziten zu arbeiten. Für alle Schüler ist der Aufbau einer Eigenreflexionskompetenz ein wichtiges Mittel, um zu erkennen: „Das kann ich schon und daran will ich noch arbeiten.“ Oft erkennen schwache Schüler nicht, dass sie Fortschritte in ihren Leistungen gemacht haben. Umso wichtiger ist es, dass man den Schülern geeignete Methoden an die Hand gibt, mit denen sie ihre Leistungen und auch ihr Sozialverhalten reflektieren können. Immer wieder neu gesteckte, nicht zu ferne Ziele können im Laufe der Zeit erreicht werden und somit das Selbstbewusstsein stärken.

Für Schüler der ersten Jahrgangsstufe sollte die Entwicklung der sozialen Fähigkeiten noch mindestens einen genau so großen Teil der Reflexionszeit in Anspruch nehmen, wie die wissensvermittelnden Inhalte. Denn das Verhalten der Kinder und ihr Umgang miteinander sind unabdingbare Grundlagen für das Lernen und eine hilfreiche Unterstützung für zukünftige Arbeitsprozesse innerhalb der Klasse.

Auch für die Lehrperson kann es eine Unterstützung sein, die Einschätzung der Schüler für seine eigenen Beurteilungen hinzuziehen und diese mit seinen eigenen Einschätzungen zu vergleichen.

In den ersten Schuljahren sollte die Reflexionsphase auf Deutsch geführt werden, da die Kinder dies noch nicht in der englischen Sprache leisten können.

Immer wiederkehrende Ausdrücke und Wendungen, die Sie nach und nach auf Englisch nutzen, können von mal zu mal in den Englischen Wortschatz der Kinder aufgenommen werden. Allerdings ist das vorrangige Ziel dieser Phase, dass die Schüler über ihre eigenen Lernprozesse nachdenken und nicht der Gebrauch der englischen Sprache.

Reflexionstabelle

Lehrjahr: ab dem ersten Schuljahr

Art der Reflexion: soziale und fachliche Ziele nach einer Gruppenarbeit

Material: keines

Verlauf: An der Tafel ist eine Tabelle (KV 28) mit einem sozialen und einem lerninhaltlichen Ziel zu sehen, zum Beispiel:

Gruppe	Wir haben uns gegenseitig geholfen.	Wir haben uns auf Englisch ausgetauscht.
1		
2		
3		
4		
5		
6		

Die Schüler überlegen innerhalb ihrer Arbeitsgruppe, ob sie das erste soziale Ziel „ganz“, „halb“ oder „noch nicht“ erreicht haben. Das Gespräch erfolgt dabei auf Deutsch. Haben sich die Schüler auf einen Standpunkt geeinigt, geht ein Schüler je Gruppe nach vorn zur Tafel und gibt seinem Team einen ganzen Stern für „Wir haben das Ziel erreicht“, einen halben Stern für „Wir haben das Ziel teilweise erreicht“ und gar keinen Stern für „Wir haben das Ziel nicht erreicht“. Sollte letzteres der Fall sein, ist es wichtig, die Gruppe für ihre Aufrichtigkeit zu loben. Die Gruppe hat daraufhin die Möglichkeit, sich von anderen Gruppen Hilfestellungen und Tipps geben zu lassen. Die erhaltenen Tipps können die Schüler im Lerntagebuch notieren, um sie beim nächsten Mal umzusetzen. Der gleiche Prozess erfolgt mit dem lerninhaltlichem Ziel.

Envelope Game

Ziel: Reflexion

Lehrjahr: ab dem zweiten Schuljahr

Art der Reflexion: soziale und fachliche Ziele nach einer Einzel;- Partner- oder Gruppenarbeit

Material: Briefumschlag und Fragen in Form von Satzstreifen (siehe Kopiervorlage)

Verlauf: Zum Ende einer Unterrichtsstunde erfolgt ein strukturierter Austausch über das Lern,- und Sozialziel in der Gruppe. Ein Schüler beginnt und zieht einen Fragestreifen aus einem Umschlag. Diese Frage wird laut vorgelesen und von allen Schülern in der Kleingruppe beantwortet. Danach zieht der nächste an der Reihe einen Fragestreifen und liest es seiner Gruppe laut vor, die wieder von allen Schülern beantwortet wird.

Auf diese Weise hat jedes Kind die Möglichkeit über detaillierte Inhalte seines Lernprozesses nachzudenken, diese auszusprechen und mit anderen in einen sinnhaften kommunikativen Austausch zu kommen, der hier auf Englisch angeleitet wird.

Sollte es zu Beginn noch schwierig sein, die Fragen zu verstehen und auf Englisch zu antworten. Dann gibt es auf der Rückseite des Umschlags eine Übersetzung und mögliche Satzanfänge für die Beantwortung der Fragen auf Englisch.

KV

1. What have you learned today?

2. What was easy? Why?

3. What was difficult? Why?

4. ...

Lernbaum/Tree-Diagramm

Ziel: Reflexion

Lernjahr: ab dem 1 Schuljahr

Art der Reflexion: soziale und inhaltliche Ziele nach einer Einzel,- Partner – oder Gruppenarbeit

Material: Kopiervorlage Baum

Verlauf: Die Methode lässt sich über eine komplette Reihe hinweg einsetzen. Dafür werden die Lernschwerpunkte einer Reihe gemeinsam mit den Kindern erarbeitet. Auf diese Weise werden die Interessen der Kinder in die Planung integriert und Leistungserwartung transparent gemacht. Diese Schwerpunkte können sich auf die inhaltlichen wie auch sozialen Ziele beziehen. Fällt es den Schülern noch schwer zu lesen kann die schriftliche Form durch Piktogramme ersetzt werden. Diese notiert die Lehrkraft auf den Blättern des Baumes. Die Äpfel bleiben zunächst leer. Zum Ende einer Unterrichtsstunde tauschen sich die Kinder über erreichte Lernschwerpunkte aus und malen diese je nach erreichten Grad ganz oder teilweise farbig aus. Die leeren Äpfel sind für die Dokumentation der individuelle Lernentwicklung leer. Hat ein Kind beispielsweise ein spezielles Wort für sich dazu gelernt oder ist auf der sozialen Ebene über sich hinausgewachsen, kann sich das Kind dies als seinen persönlichen Lernerfolg festhalten.

Die Kinder entdecken von Stunde zu Stunde welchen Lernzuwachs sie von Beginn der Unterrichtsreihe haben und ermöglicht ihnen Ihre Leistungen bildlich darzustellenn.

Give me five

Lehrjahr: ab dem ersten Schuljahr

Art der Reflexion: soziale und fachliche Ziele nach einer Partner- oder Gruppenarbeit

Material: keins

Verlauf: Nach erfolgter Gruppen- oder Partnerarbeit tauschen sich die Arbeitsgemeinschaften darüber aus, inwiefern sie die im Vorfeld aufgestellten sozialen oder fachlichen Ziele erreicht haben. Ihre Beurteilung drücken sie durch das Hochhalten von fünf Fingern für „Wir haben das Ziel erreicht", drei Finger für „Wir haben das Ziel teilweise erreicht" und einen Finger für „Wir haben das Ziel noch nicht erreicht" aus.

Wichtig dabei ist, dass sich die Paare oder die Gruppen auf eine Beurteilung einigen und nur eine Person je Gruppe das Ergebnis darstellt. Auf diese Weise können Sie als Lehrer gewährleisten, dass sich die Schüler über ihre sozialen und fachlichen Fähigkeiten ausgetauscht haben.

Learn diary

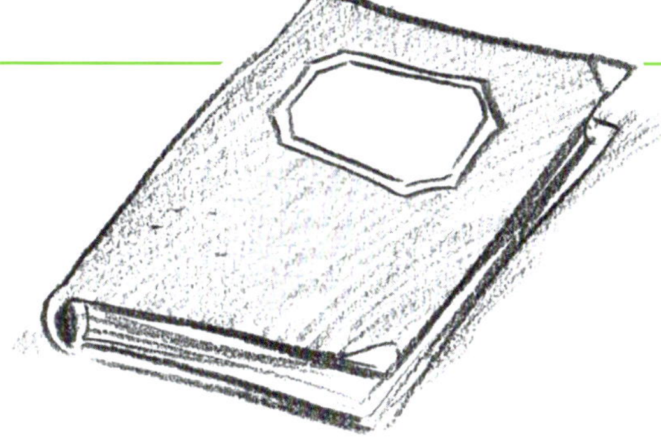

Lehrjahr: ab dem zweiten Schuljahr, da die Kinder schreiben können müssen

Art der Reflexion: soziale und fachliche Ziele nach einer Partner- oder Gruppenarbeit

Material: Heft und Stift

Verlauf: Das Lerntagebuch ist ein persönliches Heft, das jeder Schüler besitzt. Es kann nach jeder Arbeitsphase oder Unterrichtssequenz eingesetzt werden. Die Schüler können dort die aufgestellten fachlichen und sozialen Lernziele sowie den Weg dorthin festhalten. Ist den Schülern das Reflektieren eigener Fähigkeiten vertraut, könnte der nächste Schritt sein, die eigenen Ziele zu formulieren. Somit kann das Lerntagebuch vor und nach einer Arbeitsphase eingesetzt werden. Ein soziales und ein fachliches Lernziel werden den Schülern vorgegeben. Nachdem die Arbeitsphase abgeschlossen ist, reflektieren die sie über die Lernziele und halten ihre Ergebnisse im Lerntagebuch fest.

Erweiterung: Jeder Schüler überlegt sich vor einer Arbeitsphase, was er nach der Partner- oder Gruppenarbeit dazulernen bzw. noch verbessern möchte. Diese Ziele können sich im sozialen wie auch im fachlichen Bereich befinden. Schüler (A) nimmt sich zum Beispiel vor, während der Partnerarbeit ausschließlich Englisch zu sprechen, wobei Schüler (B) sich auf die Verbesserung seiner englischen Aussprache und das „th" während des Dialogs konzentrieren möchte.

Bevor die Schüler mit der Arbeitsphase beginnen, teilen sie sich gegenseitig ihre gesetzten Ziele mit. Die Kenntnis über das Ziel des Partners ist für die anschließende Reflexionsphase und den Austausch notwendig. So können sich die Schüler während der Arbeitsphase dabei unterstützen, die gesetzten Ziele zu erreichen

Nach der Arbeitsphase schreibt jeder in sein Lerntagebuch, ob und wie er seiner Meinung nach das gestellte Ziel erreicht hat und ob er mit seinem Einsatz zufrieden ist.

Kriterien-Check

Lehrjahr: ab dem dritten Schuljahr

Art der Reflexion: soziale und fachliche Ziele nach einer Gruppenpräsentation

Material: Kopiervorlage Kriterien-Check (KV 18)

Verlauf: Die Schüler erarbeiten im Plenum Beobachtungskriterien für eine objektive Beurteilung während eines Vortrages. Die Transparenz der Kriterien dient den Schülern gleichzeitig als Hilfsmittel bei der Erarbeitung ihres Vortrags. Die Erarbeitung der Kriterien kann auch in einem anderen Unterrichtsfach erfolgen, da sie für alle Präsentationen gelten.

Jede Gruppe erhält beispielsweise während des „Museumsrundgangs“ einen Beobachtungsbogen, den sie nach einem gehörten Vortrag gemeinsam ausfüllt und bespricht. Nachdem alle Schüler einer Gruppe präsentiert haben, gehen sie in ihre Ursprungsgruppen zurück, um sich über die Kritik auszutauschen. Eine kurze Zusammenfassung der erhaltenden Feedbacks und ein persönliches Ziel für weitere Präsentationen werden im Lerntagebuch festgehalten.

Placemat

Lehrjahr: ab dem zweiten Schuljahr

Art der Reflexion: Reflexion eigener Lerntechniken

Material: Kopiervorlage Placemat (KV 24), Schreibmaterial

Voraussetzung: Die Schüler müssen im Vorfeld Lerntechniken kennengelernt und ausprobiert haben.

Verlauf: Die Schüler sitzen in Vierer-Teams an einem Tisch. Jede Gruppe erhält eine Kopiervorlage des Placemats in A3. Die Schüler schreiben innerhalb von fünf Minuten auf, welche Lerntechniken sie kennen und welche sie als hilfreich empfinden, um zum Beispiel neue Vokabeln zu behalten. Nach den fünf Minuten stellt jeder seine favorisierte Lerntechnik in der Gruppe vor. Diese Austauschphase beschränkt sich auf eine bis zwei Minuten pro Schüler.

Innerhalb weniger Minuten haben sich die Schüler Gedanken gemacht, wie sie am besten lernen und auch neue Anregungen von ihren Mitschülern erhalten, die sie später ausprobieren können. Auch wenn Sie es als Lehrkraft nicht schaffen, sich alle Dialoge in dieser kurzen Zeit anzuhören, haben Sie eine schriftliche Grundlage auf dem Placemat der Schüler, die Sie für Ihre Weiterarbeit nutzen können.

Variation: Sie können die Aufgabe auch so stellen, dass sich die Schüler Gedanken über sprachliche Besonderheiten oder Unterschiede zu ihrer Muttersprache machen. Jeder kann seine Entdeckungen aufschreiben und diese den anderen Schülern mitteilen.

Reflexionsnetz/Reflection grid

Lehrjahr: ab dem zweiten Schuljahr

Art der Reflexion: soziale und fachliche Ziele am Ende einer Gruppenarbeitsphase

Material: eine Kopiervorlage Reflexionsnetz (KV 27) in A3 für die Tafel, Klebepunkte in verschiedenen Farben

Verlauf: Für jedes vor der Arbeitsphase formulierte Ziel hängt ein Reflexionsnetz an der Tafel. Jede Gruppe erhält für jedes gesetzte Ziel einen Klebepunkt. Nachdem in der Gruppe über das Erreichen der Ziele reflektiert und eine Einigung erzielt wurde, setzt immer ein Schüler pro Gruppe die Klebepunkte auf die entsprechende Stelle im Netz. Der Aufbau des Netzes verläuft vom Innenkreis („Wir haben das Ziel voll erreicht") bis zum Aussenkreis („Wir haben das Ziel nicht erreicht"). Im Plenum können die Ergebnisse ausgewertet und Tipps ausgetauscht werden.

Tipp: Um nicht jedes Mal ein neues Netz kopieren zu müssen, können Sie die Kopiervorlage an einer Korkwand befestigen und bunte Heftzwecken anstelle von Klebepunkten verwenden.

Gruppenbarometer

Lehrjahr: ab dem ersten Schuljahr

Art der Reflexion: soziale Ziele am Ende einer Gruppenarbeit

Material: Kopiervorlage Gruppenbarometer (KV 28) in A3, eine Wäscheklammer pro Gruppe

Verlauf: In den Gruppen einigen sich die Schüler, inwiefern das soziale Ziel während der Arbeitsphase erreicht wurde. Wichtig ist, dass sie sich auf eine Beurteilung einigen und ihre Wäscheklammer an der entsprechenden Stelle anheften. Anschließend kann ein Austausch im Klassenverband stattfinden, in dem sich die Gruppen Hilfestellung für die Umsetzung geben und über weitere Zielsetzungen sprechen. Um die Wäscheklammern am Ende auseinander zu halten sollten sie mit Teamnamen versehen oder farbig markiert werden.

Bilderkette

Lehrjahr: ab dem ersten Schuljahr

Art der Reflexion: Reflexion des Verständnisses einer gehörten Geschichte

Material: Bildkarten aus einer Geschichte

Verlauf: Nachdem eine Geschichte gehört wurde, erhält jede Gruppe einige Bildkarten aus der behandelten Geschichte. Die Schüler setzen die Bilder in Form einer Bilderkette in die richtige Reihenfolge. Damit jedes Kind seinen Beitrag zur Bilderkette leisten kann, werden die Bilder unter den Schülern aufgeteilt.

5. Unterrichtsreihen zum Kooperativen Englischunterricht

Im folgenden Kapitel finden Sie erprobte Unterrichtsreihen zu verschiedenen Themenbereichen des Lehrplans, in die zahlreiche kooperative Lernmethoden integriert sind.

Die Unterrichtsreihen sind aufsteigend den vier Schuljahren zugeordnet. In den dargestellten Reihen entspricht eine Unterrichtseinheit nicht zwingend einer 45-minütigen Unterrichtsstunde. Die Dauer einer Einheit richtet sich nach dem sprachlichen und lernmethodischen Vorwissen der Lerngruppe sowie nach ihrem Verhalten und kann daher stark variieren.

Jede Unterrichtseinheit beginnt mit einer strukturierten Übersicht über das Thema, die Lernziele, die angewandten Methoden sowie die benötigten Materialien. Im Anschluss an die ausführliche Beschreibung einer Einheit finden sich stets knappe tabellarische Verlaufspläne, die sich leicht für den Unterricht kopieren lassen. Zahlreiche Arbeitsanweisungen und Reflexionsfragen sind dabei auf Englisch formuliert. Um zu gewährleisten, dass Sie auch von allen Schülern verstanden wurden, sollte man sie stets ins Deutsche übersetzen lassen bzw. selbst übersetzen.

Zudem finden sich hinter jeder Unterrichtsreihe die notwendigen Kopiervorlagen, die speziell für diese Reihe benötigt werden. Allgemeine Kopiervorlagen, wie eine *Buddy-book*-Vorlage oder die Kopie eines *Placemats*, die man für verschiedene Reihen benötigt, finden sich am Ende des Buches.

5.1 Unterrichtseinheiten für das erste und zweite Schuljahr

Einführung, Festigung und Wiederholung des Vokabulars zum Thema Zahlen sowie das Kennenlernen erster kooperativer Lernformen

Gerade zu Beginn des Englischunterrichts sollten die Schüler grundlegende Wörter und Wendung lernen, die in weiteren Unterrichtsthemen immer wieder vorkommen und somit nach dem Spiralprinzip eingesetzt werden können. Dazu gehören die Zahlen von eins bis zehn. Viele Kinder kennen schon einige Zahlen auf Englisch, so dass sie zu diesem Thema motiviert sind. Durch spielerische und kooperative Elemente werden den Schülern neue Anreize geboten, um die Aussprache zu verbessern und mit den Zahlenwörtern flexibel umgehen zu können.

Die folgenden Unterrichtsstunden stellen dar, wie man das Thema im ersten oder im zweiten Schuljahr einsetzen kann. Da die Zahlen durch ihre Wiederkehr in unterschiedlichen Themen zum Basiswissen gehören, sollte den Schülern ihre Schreibweise nicht vorenthalten werden. Allerdings sollte die Anbahnung der Schreibweise frühestens im zweiten Schuljahr erfolgen. Das Thema *numbers* ist in allen Erfahrungsfeldern des Lehrplans wiederzufinden. Um die sprachlichen Ziele in einen für die Schüler interessanten Kontext einzubetten, wird das Thema durch verschiedene Methoden und Spiele sowie durch eine Geschichte begleitet. Geschichten gehören in die Lebenswelt der Kinder und helfen ihnen, ihre rezeptiven wie auch produktiven Sprachfähigkeiten zu erweitern.

Im Vergleich zu den älteren Jahrgängen finden in den ersten beiden Jahrgängen noch häufiger frontale Phasen statt. Dies ist notwendig, um den Schülern Basiskenntnisse zu vermitteln und ihnen damit die Sicherheit zu geben, die sie brauchen, um mit anderen kommunizieren zu können.

Die folgenden Unterrichtsziele sind in vier Einheiten gegliedert.

Lernziele der Unterrichtsreihe

Lernziele im Bereich der Sachkompetenz

Die Schüler...

- erwerben Vokabular zum Thema Zahlen.
- trainieren in Kooperationsphasen ihre englische Aussprache.
- lernen, die Vokabeln in sinnvollen Sätzen zu wiederholen und anzuwenden.

Lernziele im Bereich der Sozialkompetenz

Die Schüler...

- lernen, sich auf unterschiedliche Mitschüler einzulassen und mit ihnen im Team zu arbeiten.
- lernen sich angemessen zu korrigieren, sich zu unterstützen und zu helfen.
- lernen während der Partnerarbeit, kooperativ zu arbeiten.
- entwickeln den Mut, sich während der Partnerarbeit auf Englisch zu äußern.
- werden aufgrund der häufigen Wiederholungen der Satzstrukturen selbstsicherer in der Aussprache und im Formulieren nach vorgegebenen Satzstrukturen.
- schulen sich während der Geschichte und während der Partnerarbeit im aktiven Zuhören.
- lernen, Regeln einzuhalten.

Lernziele im Bereich der Methodenkompetenz

Die Schüler...

- erwerben elementare Lern- und Arbeitstechniken, um sich Wörter, Wendungen und Sätze zu merken.
- lernen, anhand unterschiedlicher Methoden, eigene Lernerfolge zu reflektieren und über das eigene Verhalten nachzudenken sowie darüber zu sprechen.

1. Unterrichtseinheit

Thema: Einführung der Begriffe zum Thema numbers

Ziel: Die Zahlen von eins bis zehn aussprechen lernen, verstehen und im Lied anwenden.

Material: Zahlenkärtchen von eins bis zehn für die Tafel, Buch *Ten in the bed* (Penny Dale), Lied *Ten in the bed* (KV 1)

Verlauf:

Einstieg

Zur Begrüßung singen die Schüler ein *Good-morning*-Lied (vgl. Kapitel 3) und laufen währenddessen in der Klasse umher. Wenn das Lied endet, wird der nächst stehende Partner nach seinem Befinden oder seinem Namen gefragt. Die Fragesätze sind den Schülern bereits aus den ersten Englischstunden bekannt und können auf diese Weise wieder aufgegriffen werden. Die Schüler kommen in dieser Begrüßungsphase mit unterschiedlichen Kindern ins Gespräch. Nach zwei bis drei Durchgängen setzen sich die Schüler auf ihren Platz.

Erarbeitungsphase

Es werden Zahlenkarten an die Tafel gehängt. Die Schüler tauschen sich mit ihrem Partner darüber aus, welche Zahlen sie bereits auf Englisch kennen.

Anschließend werden die Zahlen von eins bis zehn im Chor gesprochen, indem Sie als Lehrkraft die Zahlen vor- und die Kinder im Plenum nachsprechen. Aufgrund der schwierigen Aussprache der Zahl *three* sollten einige Lautübungen zum „th" gemacht werden. Eine beliebte Übung der Schüler ist, das „Zunge-Rausstrecken" beim Sprechen von deutschen Wörtern, die mit einem S-Laut beginnen. Beim Sprechen klemmen sich die Schüler die Zunge zwischen die Zähne. Diese Übung macht den Schülern nicht nur Spaß sondern gibt ihnen auch ein Gefühl für den uns unbekannten Laut.

Arbeitsphase

Das Buch *Ten in the bed* wird im Theaterhalbkreis vorgelesen und die Bilder dazu gezeigt. Die Schüler äußern sich frei zu der Geschichte. Während die Geschichte ein weiteres Mal vorgelesen wird, spielen zehn Schüler die Kuscheltiere im Bett. Die zuschauenden Schüler zeigen die entsprechende Zahl mit den Händen und nennen sie dabei.

Im Anschluss daran wird das Lied *Ten in the bed* vorgestellt. Die Kinder hören sich das Lied an und tauschen sich über den verstandenen Inhalt mit dem Sitznachbarn aus. In weiteren Durchgängen versuchen die Schüler, das Lied mitzusingen und die passende Zahl mit den Fingern darzustellen.

Tabellarischer Unterrichtsverlauf: 1. Einheit zum Thema *numbers*

Thema: Einführung der Begriffe zum Thema numbers

Ziel: Die Zahlen von eins bis zehn aussprechen lernen, verstehen und im Lied anwenden.

Unterrichtsphase/Zeit	Unterrichtsgeschehen	Material
Einstieg	◆ Begrüßung	
Erarbeitungsphase	◆ Schüler tauschen sich mit ihrem Sitzpartner darüber aus, welche Zahlen sie bereits kennen. *Tell your partner what numbers you know.* ◆ Die Zahlen werden im Chor gesprochen und an die Tafel geheftet.	◆ Zahlenkarten in A5- Format
Arbeitsphase	◆ Das Buch *Ten in the bed* wird vorgelesen und im zweiten Durchgang von den Schülern nachgestellt. Zuhörende Schüler agieren beim Vorlesen, indem sie die Zahlen mit Zahlenkarten oder mit den Händen hochhalten. ◆ Das Lied *Ten in the bed* wird vorgespielt/vorgesungen. Die Schüler tauschen sich über den Inhalt aus. ◆ Die Schüler versuchen, das Lied mitzusingen und agieren dazu, indem sie die Zahlen mit den Händen zeigen.	◆ Buch *Ten in the bed* ◆ Zahlenkarten von eins bis zehn

2. Unterrichtseinheit

Thema: Wiederholung und Festigung der numbers

Ziel: Die Zahlen von eins bis zehn aussprechen lernen und im Spiel anwenden.

Methode: Für die Partnerfindung wird ein Line up gebildet. Ein soziales und ein inhaltliches Ziel werden mit Hilfe der *Give-me-five*-Methode reflektiert.

Material: Zahlenkärtchen von eins bis zehn für die Tafel und für jedes Partnerteam

Verlauf:

Einstieg

Während sich die Schüler begrüßen, erhält jeder Tisch Zahlenkärtchen von eins bis zehn. Diese werden zu Beginn für das Lied *Ten in the bed* sowie in weiterem Verlauf der Stunde für ein Spiel benötigt. Nachdem die Schüler sich begrüßt haben, stimmen sie sich mit dem Lied *Ten in the bed* auf das Thema ein. Dabei halten sie die entsprechenden Zahlenkärtchen in die Höhe.

Erarbeitungsphase

Im Anschluss wird den Schülern das Spiel *What's missing?* im Plenum vorgestellt. Dafür werden die Zahlenkarten von eins bis zehn an die Tafel gehängt. Während die Schüler ihre Augen schließen, werden einige Zahlenkarten weggenommen. Die Schüler erraten daraufhin, welche Zahlen verschwunden sind. Um das Spiel bei weiteren Durchgängen schwieriger zu gestalten, wird die Reihenfolge der Zahlen vermischt. Wenn den Schülern der Ablauf des Spiels bekannt ist, wird das Partnerspiel vorbereitet. Wenn die Frage „*What's missing?*" gestellt wird, dürfen sie die Augen wieder öffnen.

Partnerfindung und Kontaktaktivität

Die Partnerfindung wird mit der *Line-up*-Methode organisiert. Auf einem imaginären Strich quer durch die Klasse stellen sich die Schüler in einer Reihe auf. Nach dem Zufallsprinzip bilden immer der erste und der letzte Schüler der Reihe ein Paar. Das Pärchen sucht sich einen Sitzplatz. Als Kontaktaktivität begrüßen sich die Schüler mit Handschlag und fragen sich nach dem Namen oder nach ihrem Befinden. Ein Line up kann auch nach einem bestimmten Können ausgeführt werden. Schüler, die der Meinung sind, die Zahlen besonders gut zu können, stellen sich links von der Linie und Schüler, die noch Hilfe brauchen, rechts davon auf.

Arbeitsphase

Die Schüler legen ihre Zahlenkärtchen sichtbar vermischt auf dem Tisch aus. Ein Schüler verschließt seine Augen während der zweite Schüler als Spielleiter ein oder mehrere Zahlenkärtchen wegnimmt. Auf die Frage *„What's missing?"* öffnet der Schüler seine Augen und benennt die fehlenden Zahlen. Jeder Schüler ist im Wechsel der Spielleiter, der die Zahlen versteckt, oder der Ratende. Die Schüler erhalten eine bestimmte Zeitangabe, innerhalb derer sie das Spiel spielen. Die genaue Uhrzeit kann mit einer Pappuhr an der Tafel eingestellt werden.

Reflexionsphase

Die Paare tauschen sich in einem kurzen Gespräch darüber aus, wie die Zusammenarbeit funktioniert hat. Sie stellen ihre Einschätzung durch das Hochhalten von fünf Fingern (Es hat sehr gut geklappt.) bis zu einem Finger (Es hat noch nicht so gut funktioniert.) dar.

Aspekte des Kooperativen Lernens in der zweiten Unterrichtseinheit

Positive Abhängigkeit

- **Ziel:** die Zahlen von eins bis zehn benennen und anwenden können
- **Lernmaterial:** paarweise Zahlenkärtchen von eins bis zehn
- **Rollen:** abwechselnd Spielleiter und ratende Person
- **Außenkraft:** Zeitvorgabe
- **Lernumgebung:** Die Schüler sitzen an einem Tisch nebeneinander.

Gruppenevaluation

Die *Give-me-five*-Methode wird als Reflexionsmethode eingesetzt. Es wird ein soziales Ziel reflektiert.

Soziales Lernen

Im Mittelpunkt steht die Entwicklung der Kompetenzen, sich auf eine neue Person einzulassen und den Mut zu entwickeln, sich mit dieser Person auf Englisch auszutauschen.

Direkte Interaktion

Die beschränkten Arbeitsmittel, die Spielregeln und der Einzeltisch machen es möglich, dass die Schüler in Interaktion treten.

Tabellarischer Unterrichtsverlauf: 2. Einheit zum Thema *numbers*

Thema: Wiederholung und Festigung der *numbers*

Ziel: Die Zahlen von eins bis zehn aussprechen lernen und im Spiel anwenden.

Unterrichtsphase/Zeit	Unterrichtsgeschehen	Material
Einstieg ca. 5 Minuten	◆ Begrüßung ◆ Lied Ten in the bed wird gesungen und die passenden Zahlenkärtchen dazu hochgehalten. *Here you get cards with numbers on them. Let's say all the numbers you've got. We are going to listen to the song "Ten in the bed" If you hear the number one, you raise the card with the number one in the air, like this* (Lehrer stellt nach). *If you hear the number two, and three etc. you do the same thing.*	◆ Zahlenkarten für alle Schüler
Erarbeitungsphase	◆ Das Spiel What's missing? wird im Plenum vorgestellt. *Let's play the game "What's missing?" Look at the numbers on the blackboard. Now close your eyes (nachstellen) and I'll take one card away. Now, I say open your eyes and you have to guess what number is missing.*	◆ Zahlenkarten im A5- Format
Partnerfindung und Kontaktaktivität	◆ Ein Line up wird gebildet. *Let's do a „Line up" to find your partner.* ◆ Die Paare suchen sich einen gemeinsamen Sitzplatz, begrüßen sich mit Handschlag und stellen sich eine bekannte Frage.	
Arbeitsphase	◆ Die Schüler spielen im Wechsel das Spiel *What's missing?* mit ihrem Partner und wenden die Fragestruktur *„What's missing?"* an.	◆ Zahlenkarten von eins bis zehn pro Paar
Reflexionsphase	◆ Mit der *Give-me-five*-Methode reflektieren die Schüler zu einer bestimmten Frage.	

3. Unterrichtseinheit

Thema: Wiederholung und Festigung der Begriffe zum Thema *numbers*

Ziel: Die Zahlen von eins bis zehn aussprechen lernen, verstehen und im Spiel anwenden können.

Methoden: Für die Gruppenfindung wird eine Variante eines Memoryspiels benutzt: Die Schüler erhalten Rechenaufgaben, die sie lösen müssen. Schüler mit gleichem Ergebnis bilden eine Gruppe. Als Kontaktaktivität wird die Word-paint-Methode benutzt. Die Gruppen reflektieren ein soziales oder ein inhaltliches Ziel mit der *Give-me-five*-Methode.

Material: Zahlenkärtchen von eins bis zehn für die Tafel, Rechenaufgaben für die Gruppenbildung (KV 2), zwei Telefonnummern (KV 3) für jedes Kind

Verlauf:

Einstieg, ca. 5 Minuten

Um in die Englischstunde einzusteigen, wird das Begrüßungslied aus den Vorstunden gewählt. Dies kann für die nächsten Stunden als Einstiegsritual eingesetzt werden. Nach einigen Durchgängen finden die Schüler an ihren Platz zurück. Der Ablauf der Stunde wird anhand von Bildkarten visuell dargestellt. Zur Einstimmung werden alle Zahlen kurz wiederholt. Diese werden in unsortierter Reihenfolge hochgehalten und von den Schülern im Chor benannt.

Partnerfindung und Kontaktaktivität

Nachdem alle Zahlen sicher ausgesprochen wurden, bilden die Schüler Teams aus vier bis sechs Kindern. Dazu erhält jedes Kind ein Kärtchen mit einer leichten Additions- oder Subtraktionsaufgabe im Zehner-Bereich. Alle Kinder mit gleichem Ergebnis bilden eine Gruppe aus circa sechs Kindern. Die Suche der Gruppenmitglieder erfolgt auf Englisch. Die Kinder fragen sich untereinander: „*What's your number?*" Bevor die Schüler mit der Gruppenarbeit beginnen, spielen die Teams die Kontaktaktivität *Word-painter* (vgl. Kapitel 4.2). Das Spiel lässt sich passend zum Thema mit Zahlenkarten variieren.

Arbeitsphase

Bevor die Arbeitsphase in den Gruppen erfolgt, wird der Ablauf des Spiels mit einigen Kindern im Plenum vorgestellt. Die Schüler sprechen nach einigen Wiederholungen des Spielvorgangs den Dialog eines Telefongesprächs mit. Die Entwicklung der sozialen Kompetenzen steht gerade im ersten Schuljahr verstärkt im Mittelpunkt. Deshalb sollte den Kindern gezeigt werden, wie sie einander helfen und sich angemessen verbessern können. Diese Schwerpunkte können für die Reflexionsphase aufgegriffen werden.

Nachdem alle Schüler den Ablauf des Spiels verstanden haben, erhält jedes Kind zwei Streifen mit jeweils einer Telefonnummer. Jede Telefonnummer ist im Team doppelt vorhanden. Ein Schüler beginnt und ruft eine Nummer an, indem er die Zahlen auf Englisch benennt. Jedes Kind muss die gesagte Nummer aufmerksam verfolgen, denn wer die genannte Nummer besitzt, muss sich melden. Ein kurzer Dialog wird gesprochen. Dieser kann einfache Wörter und Wendungen wie „*Hello, Tom! How are you? Goodbye.*" beinhalten. Im Anschluss ruft die Person, die angerufen wurde, eine ihrer beiden Nummern an.

Nachdem das Spiel einmal gespielt wurde, können die Streifen mit den Telefonnummern gemischt und neu ausgeteilt werden. Erhält ein Kind zwei gleiche Telefonnummern, muss neu gemischt werden. Die Schüler müssen sehr aufmerksam zuhören, um ihren Anruf nicht zu verpassen. Der Anrufende muss deutlich und langsam sprechen, damit ihm jeder folgen kann.

Reflexionsphase

Ein inhaltliches oder ein soziales Ziel wird in Form der *Give-me-five*-Methode reflektiert. Die Schüler tauschen sich innerhalb ihrer Gruppe aus und stellen ihre Einschätzung durch das Hochhalten der entsprechenden Fingerzahl dar.

Mögliche Reflexionsfragen sind:

- Konntet ihr die Zahlen gut auf Englisch verstehen? *Could you understand the numbers in English?*
- Wie war die Stimmung in eurer Gruppe? *How was the atmosphere in your group?*

Aspekte des Kooperativen Lernens in der dritten Unterrichtseinheit

Positive Abhängigkeit

- **Ziel:** die Zahlen soweit verstehen und deutlich aussprechen, dass sie von allen Schülern verstanden werden
- **Lernmaterial:** Streifen mit Telefonnummern
- **Außenkraft:** Zeitvorgabe
- **Lernumgebung:** Das Spiel findet an einem Gruppentisch statt, die Schüler halten untereinander Blickkontakt.

Gruppenevaluation

Die *Give-me-five*-Methode wird als Reflexionsmethode eingesetzt. Die Schüler sollten zunächst mit einer Methode vertraut werden, bevor sie neue Reflexionsmethoden kennenlernen. Die vorgegebene Leitfrage bezieht sich auf ein inhaltliches oder ein soziales Ziel.

Soziales Lernen

Weiterhin steht die Entwicklung der Kompetenzen im Mittelpunkt, sich auf neue Personen einzulassen und den Mut zu entwickeln, mit anderen Schülern auf Englisch zu kommunizieren. Außerdem sollen die Schüler lernen, andere Schüler angemessen zu verbessern und sich gegenseitig zu unterstützen.

Direkte Interaktion

Die Spielregeln sowie der Blickkontakt zu allen Teammitgliedern machen es möglich, dass die Schüler in direkte Interaktion treten.

Tabellarischer Unterrichtsverlauf: 3. Einheit zum Thema *numbers*

Thema: Wiederholung und Festigung der Begriffe zum Thema numbers

Ziel: Die Zahlen von eins bis zehn aussprechen lernen, verstehen und im Spiel anwenden.

Unterrichtsphase/Zeit	Unterrichtsgeschehen	Material
Einstieg	◆ Begrüßung ◆ Ablauf der Stunde	◆ Symbolkarten (Gruppenarbeit, Reflexionsnetz)
Erarbeitungsphase	◆ Die Zahlen von eins bis zehn werden in unsortierter Reihenfolge wiederholt und im Chor gesprochen	◆ Zahlenkarten im A5- Format
Partnerbildung und Kontaktaktivität	◆ Die Schüler rechnen ihre Rechenaufgabe aus und suchen daraufhin ihre Gruppe, die das gleiche Ergebnis besitzt. Die Gruppen bestehen aus sechs Personen. *Calculate the two numbers on your paper, for example 2+1= equals? three. Then you have to find other pupils with the same result of three.*	◆ Rechenaufgaben mit jeweils sechs gleichen Ergebnissen
	◆ Als Kontaktaktivität wird die Methode Word painter eingesetzt. Den Schülern werden Zahlen auf den Rücken geschrieben. *Play the game „Word painter." You stand behind each other. The last person in your group gets one card with a number on it. This person has to draw this number on the back of the person in front of him. That person then draws the number he feels on his back, on the back of the person in front of him, and so on. Before drawing check if your number was right by whispering it to the person behind you. Once it comes to the first person, he or she wispers the number to the last person in the back. If it is the right number the group gets one point. Then the first person goes to the back and the game goes on like that.*	◆ Zahlenkarten von eins bis zehn für die Kontakt–aktivität
Arbeitsphase	◆ Die Schüler spielen in ihren Gruppen das Telefonnummernspiel.	◆ Jede Person erhält Kärtchen mit zwei Telefonnummern.
Reflexionsphase	◆ Mit der *Give-me-five*-Methode wird die Leifrage „Konnten wir uns gut auf Englisch verständigen?" diskutiert. Tipps zum Weiterarbeiten könnten sein, lauter, deutlicher und langsamer zu sprechen.	

4. Unterrichtseinheit

Thema: Wiederholung und Festigung der Zahlen von eins bis zehn und Einführung der Zahlen elf und zwölf

Ziel: Die Zahlen von eins bis zwölf in unsortierter Reihenfolge aussprechen und zuordnen können.

Methode: Für die Teambildung wird die *Find-your-number*-Methode gewählt, zur Refelexion wird die *Give-me-five*-Methode eingesetzt.

Material: Zahlenkärtchen von eins bis zehn für die Tafel und für jedes Team, ein Spielraster pro Gruppe

Verlauf:

Einstieg

Mit dem Fragesatz *„How old are you?"* wird ein neuer Satz als Begrüßungsritual eingeführt. Da er dem bekannten Satz *„How are you?"* sehr ähnelt, muss die Aussprache nicht lange geübt werden. Die Frage bietet die Möglichkeit, Zahlen in einem sinnvollen Kontext anzuwenden. Die Kinder gehen durch die Klasse. Auf ein Kommando (zum Beispiel durch einen Klangstab) bleiben sie stehen und fragen das ihnen nächststehende Kind nach seinem Alter. Nachdem die Begrüßung erfolgt ist, wird der Ablauf der Stunde dargestellt.

Gruppenfindung und Kontaktaktivität

Mit der *Find-your-number*-Methode bilden die Schüler Dreier-Gruppen. Dafür erhält jedes Kind eine Zahlenkarte. Alle gehen in der Klasse umher und benennen ihre Zahl auf Englisch oder fragen mit der Satzstruktur *„What's your number? – My number is three."* jeden Schüler. Schüler mit gleichen Zahlen setzen sich an einen Tisch.

Als Kontaktaktivität schreiben sich die Schüler gegenseitig Zahlen auf den Rücken, die benannt werden müssen. Der jeweils wartende Schüler kontrolliert. Anschließend wird gewechselt, bis jeder Schüler jede Rolle während der Kontaktaktivität erfüllt hat. Schüler des zweiten oder dritten Schuljahres können während des Spiels folgende Sätze sprechen: *„What number is it?"* und *„Is it number two?"* lauten.

Erarbeitung, ca. 10 Minuten

Das Spiel *Naughts and crosses* wird mit Hilfe eines Overheadprojektors vorgestellt. Dafür werden die Zahlen von eins bis zwölf in ein Spielraster eingetragen. Immer abwechselnd benennt ein Kind eine Zahl, woraufhin das Feld mit einem Kreuz oder einem Kreis markiert wird. Schafft es ein Kind, eine Reihe mit seinem Symbol zu füllen, hat es gewonnen.

1 O	5	9 X
7	10 O	3 X
2	8	4 O

Nachdem den Schülern der Ablauf des Spiels bekannt gemacht wurde, erfolgt das Spiel im Team.

Arbeitsphase, ca. 15 Minuten

Die Schüler arbeiten zu dritt. Ein Schüler ist immer im Wechsel der Spielmaster. Die Schüler, die gegeneinander antreten, nennen dem Spielleiter das Feld, das er markieren soll.

Reflexionsphase, ca. 5 Minuten

Jeder Schüler schätzt sich selbst ein und stellt mit Hilfe der *Give-me-five*-Methode dar, ob er alle Zahlen schon sicher beherrscht. Dies verschafft Ihnen als Lehrkraft eine Rückmeldung über die Sicherheit der Schüler.

Aspekte des Kooperativen Lernens in der vierten Unterrichtseinheit

Positive Abhängigkeit

- Ziel: das Spiel *Naughts and crosses* zu gewinnen
- Lernmaterial: ein Spielraster
- Rollen: ein Spielleiter und zwei spielende Personen
- Außenkraft: Zeitvorgabe
- Lernumgebung: die Schüler sitzen nebeneinander.

Tabellarischer Unterrichtsverlauf: 4. Einheit zum Thema *numbers*

Thema: Wiederholung und Festigung der Zahlen von eins bis zehn und Einführung der Zahlen elf und zwölf

Ziel: Die Zahlen von eins bis zwölf in unsortierter Reihenfolge aussprechen und zuordnen können.

Unterrichtsphase/Zeit	Unterrichtsgeschehen	Material
Einstieg	◆ Begrüßung ◆ Der Fragesatz „*How old are you?*“ wird neu eingeführt.	
Gruppenfindung und Kontaktaktivität	◆ Die Schüler erhalten Zahlenkärtchen. Sie laufen in der Klasse umher und suchen ihre Gruppe, indem sie ihre Zahl benennen. *You get cards with numbers on them. Find your group with the same number.* *You can ask: „What's your number?" And answer: „My number is…"* ◆ Nachdem sich die Gruppen gefunden haben, schreiben sich die Schüler Zahlen auf den Rücken, die gegenseitig erraten werden müssen.	◆ je drei gleiche Zahlenkarten pro Gruppe
Erarbeitungssphase	◆ Das Spiel *Naughts and crosses* wird im Plenum vorgestellt.	◆ je drei gleiche Zahlenkarten pro Gruppe
Arbeitsphase	◆ Die Schüler spielen das im Plenum vorgestellte Spiel in ihren Gruppen.	◆ weiße Blätter
Reflexionsphase	◆ Mit der *Give-me-five*-Methode reflektieren die Schüler eine vorgegebene Leitfrage.	

5. Unterrichtseinheit (ausschließlich für Schüler des zweiten Schuljahres)

Thema: Einführung des Schriftbildes der Zahlen von eins bis zwölf

Ziel: Das Schriftbild der Zahlen von eins bis zwölf lesen können.

Methode: Für die Partnerbildung wird die Methode *Partner dice* (vgl. Kapitel 4.1) gewählt. Die Partnerarbeit wird in Form der *Pair-check*-Methode organisiert und das Ergebnis in einem Buddy book (KV 24) festgehalten.

Material: Zahlenkärtchen von eins bis zwölf sowie das passende Schriftbild der Zahlen pro Paar

Verlauf:

Einstieg

Die Schüler begrüßen sich, indem sie in der Klasse umhergehen und auf ein Signal mit dem nächststehenden Schüler einen Dialog beginnen. Dabei werden bekannte Fragestrukturen aus den letzten Einheiten wiederholt angewendet. Nach einigen Wiederholungen werden der Ablauf sowie das Ziel der Stunde mit Hilfe von Symbolkarten an der Tafel dargestellt.

Partnerfindung und Kontaktaktivität, ca. 10 bis 15 Minuten

Für die Partnerfindung wird die *Partner-dice*-Methode (vgl. Kapitel 4.1) eingesetzt. Diese Form der Partnerfindung ist gleichermaßen eine Wiederholung der Zahlen von eins bis sechs. Wenn den Schülern die Zahlen bis zwölf bekannt sind, können auch zwei Würfel eingesetzt werden. Die Paare werden nach dem Zufallsprinzip zusammengelost.

Die Kontaktaktivität erfolgt mithilfe der *Speech-contest*-Methode (vgl. Kapitel 4.2). Die Schüler stellen sich gegenseitig Fragen, die aufgrund von Grimassen, schwierig zu verstehen sind. Die Fragen werden mit lustigen Grimassen beantwortet.

Arbeitsphase

Die Paare erhalten Zahlenkarten von eins bis zwölf mit dem Schriftbild sowie den Zahlen und legen sie offen aus.

Abwechselnd zieht immer ein Schüler eine Karte, die er benennt. Sein Partner sucht daraufhin die ergänzende Karte und legt sie dazu. Die Schüler kontrollieren und korrigieren sich gegenseitig. Abschließend werden die Karten in einem *Buddy book* aufgeklebt. Dabei werden immer zwei Zahlen pro Seite aufgeklebt. Damit beide Partner ein Büchlein besitzen, wird das Spiel wiederholt bzw. in Form eines Memoryspiels gespielt.

Reflexionsphase

Die im Einstieg formulierten Ziele werden im Lerntagebuch reflektiert. Dazu sprechen sich die Paare ab. Im Anschluss schreiben sich die Partner gegenseitig etwas Positives oder einen Tipp ins Lerntagebuch.

Beispiele für inhaltliche Leitfragen sind: „Welche Zahlen kannst du schon gut aussprechen? Welche Zahlen musst du noch üben?“

Aspekte des Kooperativen Lernens in der fünften Unterrichtseinheit

Positive Abhängigkeit

- **Ziel**: im Spiel Wort- und Bildkarten zusammenzufügen
- **Lernmaterial**: pro Paar Wort- und Bildkarten
- **Außenkraft:** Zeitvorgabe
- **Lernumgebung:** Die Schüler sitzen nebeneinander.

Direkte Interaktion

Die Spielregeln sowie der Blickkontakt zum Partner machen es möglich, dass die Schüler in direkte Interaktion treten.

Tabellarischer Unterrichtsverlauf: 5. Einheit zum Thema *numbers*

Thema: Einführung des Schriftbildes der Zahlen von eins bis zwölf

Ziel: Das Schriftbild der Zahlen von eins bis zwölf lesen können.

Unterrichtsphase/Zeit	Unterrichtsgeschehen	Material
Einstieg	◆ Begrüßung	
Partnerfindung und Kontaktaktivität	◆ Mit der *Partner-dice*-Methode werden Paare gelost. ◆ Als Kontaktaktivität wird die *Speech-Contest*-Methode eingesetzt.	◆ ein bis zwei Schaumwürfel
Arbeitsphase	◆ Die ausgeschriebenen Zahlenkarten werden abwechselnd zu den Ziffern sortiert und anschließend in einem Buddy book eingeklebt. *Sort the numbers that match the correct written word. Work together with your partner. What does working with your partner look like? Who would like to show us how it works? (Zwei Schüler zeigen eine Möglichkeit.) What do you think, why is it better to work with a partner and not alone? If you have checked your work, glue the cards into your "Buddy book"* ◆ Ein weiteres Büchlein wird auf gleiche Weise für den Partner angefertigt. *Afterwards create another book for your partner.*	◆ Zahlenkarten und die Zahlen in geschriebener Form ◆ ein *Buddy book* pro Kind
Reflexionsphase, ca. 5–10 Minuten	◆ Die Schüler notieren in ihrem Lerntagebuch, welche Zahlen sie bereits gut aussprechen und lesen können. *Write in your diary, which numbers are easy for you to read and to speak and which ones are still difficult for you.*	◆ Lerntagebuch

Kopiervorlagen zur Einheit *numbers*

KV 1: Lied *Ten in the bed* mündlich überliefert (Kopie aus: Storytime Activity Book 3, Westermann Verlag 2005)

KV 2: Rechenaufgaben für die Gruppenfindung während der 3. Einheit zum Thema *numbers*

1 + 7 =	2 + 6 =	3 + 5 =	4 + 4 =	5 + 3 =	7 + 1 =
9 + 1 =	8 + 2 =	7 + 3 =	6 + 4 =	5 + 5 =	3 + 7 =
2 + 7 =	3 + 6 =	4 + 5 =	1 + 8 =	5 + 4 =	6 + 3 =
6 + 1 =	5 + 2 =	4 + 3 =	3 + 4 =	2 + 5 =	1 + 6 =

KV 3: „Telefonnummern" für die 3. Einheit zum Thema *numbers*

2	**1**	**6**	**7**	**2**	**1**	**2**	**1**	**6**	**7**	**3**	**2**
two	one	six	seven	two	one	two	one	six	seven	three	two
2	**1**	**6**	**7**	**3**	**2**	**3**	**8**	**9**	**2**	**1**	**5**
two	one	six	seven	three	two	three	eight	nine	two	one	five
2	**1**	**6**	**7**	**2**	**1**	**8**	**6**	**2**	**1**	**9**	**4**
two	one	six	seven	two	one	eight	six	two	one	nine	four
8	**1**	**5**	**3**	**2**	**5**	**3**	**8**	**9**	**2**	**1**	**5**
eight	one	five	three	two	five	three	eight	nine	two	one	five
8	**1**	**5**	**3**	**2**	**5**	**8**	**6**	**2**	**1**	**9**	**4**
eight	one	five	three	two	five	eight	six	two	one	nine	four
5	**3**	**2**	**6**	**7**	**9**	**5**	**3**	**2**	**6**	**7**	**9**
five	three	two	six	seven	nine	five	three	two	six	seven	nine

5.2 Unterrichtseinheiten ab Ende des ersten Schuljahrs

Einführung, Festigung und Wiederholung des Vokabulars zum Thema *fruits*

Die Reihe zum Thema *fruits* ist in fünf Unterrichtseinheiten gegliedert. Es werden einige wichtige Wörter und einfache Sätze aus dem Themenbereich eingeführt und mittels abwechslungsreicher Methoden wiederholt und gefestigt. Alltagsbezogene Gesprächsanlässe, wie über Lieblingsobstsorten oder die Simulation eines Einkaufs auf dem Markt, sind bereits für junge Schüler mit einfachen und kurzen Satzstrukturen umsetzbar.

Abwechslungsreiche Übungsphasen sind erforderlich, damit sich die Schüler das Wortmaterial besser einprägen und möglichst früh eigenständig anwenden. Die Schüler lernen einige Lernmethoden kennen, die sie für ihr weiteres Sprachenlernen anwenden können. Diese Methoden können auch auf andere Themenbereiche übertragen werden. Mit Hilfe verschiedener Reflexionsarten soll ihnen ihre Entwicklung bewusst gemacht werden und ihr Selbstbewusstsein in der Anwendung der englischen Sprache gesteigert werden.

Die Reihe ist dem Erfahrungsfeld „Jeden Tag und jedes Jahr – *through the year*“ zuzuordnen (vgl. Lehrplan Englisch). Das Thema ist für junge Schüler sehr attraktiv und lässt sich gut mit anderen Unterrichtsfächern verknüpfen. Im Sachunterricht kann beispielsweise das Thema „Gesunde Ernährung“ behandelt werden, im Deutschunterricht kann das Buch „Die kleine Raupe Nimmersatt“ gelesen werden. Viele handlungsorientierte Aktionen wie die Zubereitung eines Obstsalats oder das kochen von Apfelmus können das Thema am Ende abrunden.

Lieder, Spiele und Dialoge sind Hauptbestandteil dieser Unterrichtsreihe und sollen ungezwungene Situationen hervorrufen, in denen Sprechhemmungen gar nicht erst entstehen bzw. abgebaut werden können. Die Schüler bekommen sprachliche Strukturen an die Hand, die sie erproben, anwenden und kreativ abwandeln können.

Lernziele der Unterrichtsreihe

Lernziele im Bereich der Sachkompetenz

Die Schüler...

- bauen einen Wortschatz zum Thema *fruits* auf und festigen diesen.
- trainieren während der Partner- und Gruppenarbeit die englische Aussprache.
- lernen, vorgegebenen Satzstrukturen kreativ zu verändern und anzuwenden.
- lernen, aus dem interkulturellen Bereich die unterschiedlichen Bezeichnungen der britischen Geldwährung kennen.

Lernziele im Bereich der Sozialkompetenz

Die Schüler...

- entwickeln den Mut, sich während schülerorientierter Aktionen auf Englisch zu äußern.
- werden aufgrund häufiger Wiederholungen der Satzstrukturen sicherer in der Aussprache und im Formulieren vorgegebener Satzstrukturen.
- machen während der Partner- und Gruppenarbeit Erfahrungen im kooperativen Arbeiten, indem sie sich gegenseitig unterstützen, angemessen korrigieren und loben.
- lernen, sich auf verschiedene Arbeitspartner einzulassen.
- lernen, Regeln einzuhalten.

Lernziele im Bereich der Methodenkompetenz

Die Schüler...

- erwerben elementare Lern- und Arbeitstechniken, um sich Wörter, Wendungen und Sätze zu merken.
- lernen, anhand unterschiedlicher Reflexionsmethoden, eigene Lernerfolge einzuschätzen und über das eigene Verhalten nachzudenken sowie darüber zu sprechen.

1. Unterrichtseinheit

Thema: Einführung der Unterrichtsreihe zum Thema *fruits*

Ziel: Verschiedene Fruchtsorten auf Englisch verstehen und aussprechen lernen.

Methode: In der Einstiegsphase arbeiten die Schüler paarweise an einem Placemat.

Material: *Placemat* (S. 169/170), Bildkärtchen mit Obstsorten (KV 5) für jeden Schüler und als A5-Kopie für die Tafel, Reflexionsnetz (KV 25)

Verlauf:

Einstieg

Nachdem sich die Schüler begrüßt haben, erhält jeder Gruppentisch mit maximal vier Kindern ein *Placemat*. Da immer mehr Kinder Vorwissen aus dem Kindergarten oder aus Englisch-AGs mitbringen, sollte abgeklärt werden, welche Obstsorten bereits bekannt sind. Um dieses Wissen zum Thema *fruits* zu aktivieren, werden alle auf Englisch bekannten Früchte im *Placemat* aufgemalt. Eine Zeitvorgabe, die vor Beginn der Erarbeitungsphase gestellt wird, soll die Schüler motivieren, zügig zu arbeiten. Sollten den Kindern einige Obstsorten einfallen, die sie noch nicht auf Englisch kennen, können diese mit einem Bleistift umrahmt dazu gemalt werden. Die Schüler arbeiten dabei immer paarweise an einer Seite zusammen. Nach circa zehn Minuten tauschen sich die gegenüber sitzenden Paare über ihr Wissen aus.

Erarbeitung

Die Tischgruppe mit den meisten Obstsorten darf mit der Präsentation beginnen. Währenddessen werden die passenden Bildkarten an die Tafel geheftet und die verschiedenen Wörter mit allen im Chor gesprochen. Die anderen Gruppen ergänzen anschließend reihum. Werden beispielsweise Obstsorten genannt, zu denen es keine Bildkarten gibt, müssen diese zunächst auf Deutsch aufgeschrieben werden. Sie können anschließend selbst entscheiden, welche Obstsorten Sie in den folgenden Unterrichtsstunden intensiver einüben möchten.

Alle Placemats werden aufgehoben, um sie zum Abschluss der Unterrichtsreihe zu ergänzen. So können die Schüler sehen, wie viel sie gelernt haben. Die Plakate können in der Zwischenzeit aufgehängt werden.

Mit dem Spiel fruit salad werden die neuen Wörter motivierend geübt. Dafür wird ein Stuhlkreis gebildet. Jeder Schüler erhält ein Bildkärtchen mit einer Obstsorte. Der Spielleiter, der in der Mitte des Kreises steht, ruft eine Obstsorte auf Englisch. Alle Schüler mit dem entsprechenden Bild wechseln daraufhin die Plätze. Auch der Spielleiter versucht, einen Sitzplatz zu bekommen. Der Schüler, der nun keinen Stuhl hat, wird Spielleiter und ruft eine neue Obstsorte in den Raum. Wird das Wort fruit salad gerufen, müssen alle Schüler ihren Platz wechseln.

Reflexionsphase

Mit Hilfe des Reflexionsnetzes (vgl. Kapitel 4.5) überlegt jeder Schüler, ob er am Ende der Stunde mehr englische Obstsorten kennt als zu Beginn der Stunde. Mit einem farbigen Klebepunkt wird die eigene Einschätzung im Reflexionsnetz dargestellt.

Aspekte des Kooperativen Lernens in der ersten Unterrichtseinheit

Positive Abhängigkeit

- **Ziel:** möglichst viele englische Obstsorten zusammenzutragen
- **Lernmaterial**: ein *Placemat* pro Tischgruppe
- **Außenkraft:** Zeitvorgabe
- **Lernumgebung:** Die Erarbeitung findet an Gruppentischen statt.

Direkte Interaktion

Aufgrund der beschränkten Arbeitsmittel und des gemeinsamen Sitzplatzes findet eine direkte Interaktion zwischen den Schülern statt.

Tabellarischer Unterrichtsverlauf: 1. Einheit zum Thema *fruits*

Thema: Einführung der Unterrichtsreihe zum Thema *fruits*

Ziel: Verschiedene Fruchtsorten auf Englisch verstehen und aussprechen lernen.

Unterrichtsphase/Zeit	Unterrichtsgeschehen	Material
Einstieg	◆ Begrüßung ◆ Ablauf der Stunde erläutern ◆ Die Schüler erhalten pro Tischgruppe ein *Placemat*. ◆ Paarweise malen die Schüler bekannte Obstsorten auf. ◆ Nach circa zehn Minuten tauschen sich die Paare aus. *Each group gets one Placemat. Please, write/ draw in your corner all fruits you already know in English. You have ten minutes time.*	◆ Symbolkarten für den Ablauf (*Placemat*-Methode) ◆ *Placemat*
Erarbeitung	◆ Die Gruppen stellen ihre gefundenen Wörter vor. ◆ An der Tafel werden die entsprechenden Bildkarten aufgehängt und die Wörter im Chor wiederholt gesprochen. ◆ Zur Wiederholung des neuen Wortmaterials wird das Spiel fruit salad gespielt. Dafür bilden die Schüler einen Stuhlkreis. *Let's play the game „fruit salad." Each of you gets a fruit picture card. If I call „apple" for example, everyone who has an apple picture card changes places. If I call „fruit salad", everyone has to change places.*	◆ Bildkarten zum Thema *fruits* in A5 für Tafel ◆ pro Schüler eine ausgeschnittene, kleine Bildkarte zum Thema *fruits*. ◆ Stuhlkreis
Reflexionsphase	◆ jeder Schüler trägt in ein Reflexionsnetz ein, ob er am Ende der Stunde mehr englische Obstsorten kennt als zu Beginn der Stunde. *Fill in the reflection-grid if you know more English fruit names now than you did in the beginning of this lesson. The middle of the grid means – yes a lot, and.along the outside means – no, not much more.*	◆ Reflexionsnetz ◆ Klebepunkte oder Heftzwecken

2. Unterrichtseinheit

Thema: Einführung des Liedes *I like to eat*

Ziel: Das Lied *I like to eat* singen und in der Gruppe umdichten sowie präsentieren.

Methode: Die Wiederholung der Obstsorten erfolgt in der *Inside-outside*-Methode, die Präsentation sowie die Reflexion der eigenen Lieder erfolgen in der *Four-corner-talk*-Methode (vgl. Kapitel 4.4).

Material: Bildkärtchen mit Obstsorten (KV 5) aus der letzten Stunde für jeden Schüler und einmal in A5 für die Tafel, Liedtext I like to eat (KV 4).

Verlauf:

Einstieg

Nachdem sich die Schüler nach einer ritualisierten Form begrüßt haben, setzen sie sich für die *Inside-outside*-Methode (vgl. Kapitel 4.3) in einen Doppelkreis. Dieser muss nicht zwingend aus Stühlen bestehen. Teppichfliesen, auf die sich die Schüler setzen oder stellen können, sind schneller organisiert. Um die Wörter der letzten Stunde zu wiederholen, benennen die Schüler alle an der Tafel hängenden Bildkarten zum Thema *fruits*. Damit immer unterschiedliche Schüler ins Gespräch kommen, sollte der Innenkreis sowie der Außenkreis einige Male drehen. Anschließend setzen sich die Schüler an ihre Plätze zurück.

Erarbeitung

Das Lied *I like to eat* (KV 4) wird im Plenum vorgespielt bzw. von der Lehrkraft gesungen. Nachdem sich die Schüler das Lied angehört haben, tauschen sie sich kurz mit ihrem Sitznachbarn über den Inhalt des Textes aus. Die genaue Übersetzung des Inhalts erfolgt anschließend im Plenum. Anschließend erhält jeder Schüler circa sechs Obst- /Bildkärtchen. Das Lied wird einige Male gesungen und die entsprechenden Obstkärtchen werden dabei in die Luft gehalten.

Gruppenfindung und Kontaktaktivität

Jedes Kind erhält ein Kaubonbon. Es gibt immer vier Kaubonbons einer Fruchtsorte. Die Kinder gehen in der Klasse umher und suchen ihre Gruppe, indem sie ihre Fruchtsorte auf Englisch nennen oder bereits mit der Satzstruktur *„What fruit do you have?"* nachfragen. Nachdem sich die Gruppen gefunden haben, setzen sie sich zusammen an einen Tisch.

Als Kontaktaktivität befragen sich die Schüler nach ihren Lieblingsobstsorten. Jeder beginnt reihum mit dem Satz *„I like... And you?"*.

Arbeitsphase

Das Lied *I like to eat* wird mit neuen Obstsorten umgedichtet und anschließend im Plenum präsentiert. Da im Lied bereits die Äpfel und Bananen als Obstsorten vorkommen, sollten mindestens vier weitere Sorten zum Umdichten bekannt sein. Jede Gruppe erstellt zwei neue Strophen. Da in jeder Strophe zwei Obstsorten vorkommen, darf sich jeder Schüler eine Frucht aussuchen, die er in das Lied einbauen möchte. Unter Berücksichtigung der Reflexionskriterien, deutlich und laut zu singen, studieren die Schüler ihr Lied ein.

Reflexionsphase

Die Präsentation und Reflexion findet mittels der *Four-corner-talk*-Methode (vgl. Kapitel 4.4) statt. In zwei verschiedenen Ecken der Klasse stellen immer zwei verschiedene Gruppen ihr Lied vor. Da sich die restlichen Schüler auf zwei Standorten aufteilen, ist das Publikum recht klein. So trauen sich gerade schüchterne Schüler eher, vor anderen zu singen. Die zuhörende Gruppe sortiert ihre Bildkärtchen in die richtige Reihenfolge und benennt diese anschließend nochmals.

Aspekte des Kooperativen Lernens in der zweiten Unterrichtseinheit

Positive Abhängigkeit

- **Ziel:** ein Lied umgestalten
- **Lernmaterial:** Bildkärtchen
- **Außenkraft:** Zeitvorgabe
- **Lernumgebung:** Die Wiederholung der Obstsorten findet in einem Doppelkreis statt, während die Umgestaltung des Liedes an einem Tisch erfolgt.

Soziales Lernen

Den Mut zu entwickeln, mit anderen Schülern ein eigenes Lied auf Englisch zu erarbeiten und vorzutragen, steht im Vordergrund dieser Unterrichtseinheit.

Direkte Interaktion

Während der Gruppenarbeit findet aufgrund der beschränkten Arbeitsmittel und des gemeinsamen Sitzplatzes eine direkte Interaktion zwischen den Schülern statt.

Tabellarischer Unterrichtsverlauf: 2. Einheit zum Thema *fruits*

Thema: Einführung des Liedes *I like to eat*

Ziel: Das Lied *I like to eat* singen und in der Gruppe umdichten sowie präsentieren.

Unterrichtsphase/Zeit	Unterrichtsgeschehen	Material
Einstieg	◆ Begrüßung ◆ Ablauf der Stunde erläutern ◆ Die Schüler bilden einen *Inside-out-side-circle* ◆ Die Schüler zählen ihrem Partner alle Obstsorten auf, die an der Tafel zu sehen sind. ◆ Der *Inside-outside-circle* dreht einige Male, damit unterschiedliche Schüler in einen Austausch kommen. *Please build an Inside-out-side-circle with this carpet. Tell your partner in front of you all the fruit names you remember from the last lesson. Let's turn the Inside-outside-circle to the right side.*	◆ Symbolkarte für den Ablauf *(Inside-outside circle)* ◆ Bildkarten der Themenreihe *fruits* für die Tafel in A5
Erarbeitung	◆ Das Lied *I like to eat* wird den Schülern vorgespielt. ◆ Die Sitznachbarn tauschen sich über den Inhalt aus. *Listen to the song „I like to eat" Tell your partner what you have understood.* ◆ Die genaue Übersetzung des Inhalts erfolgt im Plenum. ◆ Das Lied wird einige Male vorgespielt. Die Schüler singen mit und halten entsprechende Obstsorten als Kärtchen hoch.	◆ Lied *I like to eat* ◆ pro Schüler alle behandelten Bildkarten zum Thema *fruits* in klein

Gruppenfindung und Kontaktaktivität	◆ Nach einigen Wiederholungen des Liedes erhält jeder Schüler ein Kaubonbon. ◆ Jeder Schüler sucht seine Gruppe, indem es seine Bonbon-Fruchtsorte auf Englisch benennt. *Each of you gets one candy with a special fruit flavour. Find the three other candies with your fruit flavour.* ◆ Als Kontaktaktivität erzählt jeder reihum, welche Obstsorte er gerne isst. Dies kann im ganzen Satz mit *"I like apples and you?"* erfolgen. *Tell your group what fruit you like best. Start with the sentence "I like... and you?"*	◆ jeweils vier Kaubonbons einer Fruchtsorte ◆ Vierer-Gruppentisch
Arbeitsphase	◆ Das zuvor gehörte Lied wird mit neuen Obstsorten umgedichtet. ◆ Reihum darf jeder Schüler eine neue Obstsorte in das Lied integrieren. *Create a new song by changing the fruit names.* ◆ Die Schüler studieren ihr neues Lied unter Berücksichtigung der Reflexionskriterien ein. *Sing clear and loud enough!*	◆ Obstkärtchen in klein
Reflexionsphase	◆ Mittels der *Four-corner-talk*-Methode präsentieren immer zwei Gruppen gleichzeitig ihr Lied in verschiedenen Ecken des Raumes. Die zuhörenden Gruppen sortieren ihre Bildkärtchen in die richtige Reihenfolge. *Two groups present their songs in different corners. The others are going to listen to them. Your task is to find out which fruits and in what order the groups modified their song. You show this by sorting your picture cards in the right order.*	◆ Bildkärtchen je Gruppe

3. Unterrichtseinheit

Thema: *fruits boardgame*

Ziel: Das behandelte Wortmaterial zum Thema *fruits* sowie die Satzstrukturen *„I like .../I don't like ..."* festigen und in einem Spiel anwenden.

Methode: Die Wiederholung der Obstsorten findet mit der *Round-up-domino*-Methode (vgl. Kapitel 4.3) statt, die Partnerfindung erfolgt mit Hilfe der *Pass-the-paper*-Methode (vgl. Kapitel 4.1) und die Reflexion mittels der *Give-me-five*-Methode (vgl. Kapitel 4.5). Während der Arbeitsphase wird ein Würfelspiel in Gruppen gespielt.

Material: Bildkärtchen mit Obstsorten aus der letzten Stunde für jeden Schüler sowie die Bildkarten in A5 in zweifacher Ausführung. Um schnell ein Domino für die Klasse zu erstellen, werden immer zwei unterschiedliche Bildkarten in A5 in eine Folie gesteckt. Außerdem werden für das Würfelspiel je ein Würfel (dice) pro Gruppe und eine Spielfigur (*pieces*) pro Paar benötigt.

Verlauf:

Einstieg

Nach einer ritualisierten Begrüßung (vgl. Kapitel 3) werden die bekannten Obstsorten mittels der *Round-up-domino*-Methode (vgl. Kapitel 4.3) wiederholt. Sollte die Methode bereits bekannt sein, können mehrere Gruppen gebildet werden, die jeweils mit einem Domino spielen. So wird die Aktionszeit jedes einzelnen Schülers erhöht, da mehrere Runden gespielt werden können. Je nach Klassengröße können dafür zwei bis drei gleichgroße Gruppen gebildet werden. Die Gruppenbildung kann nach dem Zufallsprinzip erfolgen, indem beispielsweise immer acht Schüler abgezählt werden. Diese stellen sich in einen Kreis zusammen auf, um das *Round-up-domino* zu spielen.

Erarbeitung

Die Schüler spielen mit ihrem Sitznachbarn zusammen. Das Würfelspiel wird den Schülern mit den großen Bildkarten im Plenum vorgestellt. Beide Schüler legen ihre Bildkarten verdeckt im Kreis auf den Tisch. Sie stellen den Spielplan dar. Die zwei Spielfiguren der beiden Paare, die gegeneinander spielen, befinden sich auf dem ersten verdeckten Bild.

Das erste Paar würfelt und geht um die gewürfelte Augenzahl auf den Bildkärtchen weiter. Das Bildkärtchen, auf dem die Figur stehen bleibt, wird aufgedeckt. Die Obstsorte wird mit dem Satz *„I like apples"* oder in der verneinten Form *„I don't like apples"* benannt. Wird die Obstsorte richtig benannt, darf der Schüler die Karte behalten. Ist sie falsch benannt worden, wird sie zurückgelegt. Die Schüler kontrollieren, korrigieren und unterstützen sich beim Sprechen. Gewonnen hat der Schüler mit den meisten Bildkarten. Für die Reflexion kann eine der folgenden Leitfragen an die Tafel geschrieben werden:

- Was hast du getan/gesagt, wenn dein Partner etwas falsches oder richtiges gesagt hat?
- Wie konntet ihr euch gegenseitig helfen?

Konntet ihr während des Spiels die ganze Zeit auf Englisch sprechen (die Würfelzahl abzählen, den vorgegebenen Satz sprechen)?

Arbeitsphase

In einer vorgegebenen Zeit von circa 15 Minuten spielen die Paare das vorgestellte Würfelspiel gegeneinander. Der Satzanfang „*I like...*" ist in den Vorstunden öfters vorgekommen. Er soll während dieser Phase wiederholt und gefestigt werden. Die Verneinungsform des Satzes wird als neue Satzstruktur vorgestellt und im Spiel geübt.

Reflexionsphase

Die Reflexion der Leitfrage wird in Form der *Give-me-five*-Methode durchgeführt. Die Schüler äußern sich zu ihrem Vorgehen und geben einander Tipps.

Hausaufgabe

Für die nächste Unterrichtseinheit werden alle ausgeschnittenen Obstsortenkärtchen in ein *Buddy book* (KV26) eingeklebt. Zusätzlich können die Schüler in Form eines lachenden oder traurigen Smileys eintragen, ob sie die Obstsorten mögen oder nicht.

Aspekte des Kooperativen Lernens in der dritten Unterrichtseinheit

Positive Abhängigkeit

- **Ziel:** möglichst viele Obstsorten richtig benennen
- **Lernmaterial:** Bildkärtchen
- **Außenkraft:** Zeitvorgabe
- **Lernumgebung:** Die Schüler sitzen an einem Tisch.

Soziales Lernen

Die Schüler müssen während jeder Phase als Team arbeiten, sich gegenseitig helfen und kontrollieren. Die Schüler lernen, sich auf neue Personen einzulassen und andere Schüler angemessen zu verbessern und sich gegenseitig zu unterstützen.

Direkte Interaktion

Das Würfelspiel regt aufgrund der beschränkten Arbeitsmittel und des gemeinsamen Sitzplatzes zur Interaktion zwischen den Schülern an.

Tabellarischer Unterrichtsverlauf: 3. Einheit zum Thema *fruits*

Thema: fruits boardgame

Ziel: Das behandelte Wortmaterial zum Thema *fruits* sowie die Satzstrukturen „*I like …/ I don't like …*" festigen und in einem Spiel anwenden.

Unterrichtsphase/Zeit	Unterrichtsgeschehen	Material
Einstieg	◆ Begrüßung ◆ Ablauf der Stunde erläutern ◆ Schüler bilden zwei bis drei gleichgroße Gruppen ◆ *Round up domino* mit Obstsorten wird gespielt. *We start with a round up domino. Here you see all the fruits you have learned in the last lessons. You play it as a group and try to be faster than the other groups. You have to speak loudly and you are only allowed to put down a card if you have said the word on your card.* (Diese Anweisung ist für Schüler, die das Spiel bereits kennen und gegen eine andere Gruppe spielen.)	◆ Symbolkarten für den Stundenverlauf (*Round up domino-*, *Give-me-five-*Methode)
Erarbeitung	◆ Das Spiel wird im Plenum vorgestellt und die Satzstrukturen „*I like …/I don't like …*" wiederholt gesprochen. ◆ Mögliche Leitfragen für die Stunde sind: Konntet ihr während des Spiels die ganze Zeit auf Englisch sprechen? *Could you speak in English the whole time?* ◆ Was hast du getan/gesagt, wenn dein Partner etwas falsches oder richtiges gesagt hat? Wie konntet ihr euch gegenseitig helfen? *What have you done or what have you said to your partner when he said something right/ wrong? How could you help each other?*	◆ Bildkärtchen in klein pro Schüler ◆ eine Spielfigur pro Paar ◆ ein Würfel pro Gruppe
Arbeitsphase	◆ Die Gruppe spielt das Spiel in einer vorgegebenen Zeit von circa 15 bis 20 Minuten. *You have 15/20 minutes time for your game.*	◆ vgl. Erarbeitungsphase
Reflexionsphase	◆ Die in der Erarbeitungsphase gestellte Leitfrage wird mit der *Give-me-five*-Methode reflektiert.	◆ *Buddy book*
Hausaufgabe	◆ Die ausgeschnittenen Obstkärtchen in einem *Buddy book* einkleben, oder in Form eines Smileys malen, ob man die jeweilige Obstsorte mag oder nicht mag. *Your homework is to glue your picture cards into your buddy book. Draw a happy smiley to each fruit if you like it and a sad smiley if you don't like it.*	

4. Unterrichtseinheit (ab dem zweiten Schuljahr)

Thema: *On the market*

Ziel: In einem kurzen Dialog Fragen stellen und solche beantworten.

Methode: Das gegenseitige Vorstellen der Hausaufgaben erfolgt auf Meeting points (vgl. Kapitel 4.4), die Partnerfindung findet in einer abgewandelten Form des Line ups (vgl. Kapitel 4.1) statt und als Kontaktaktivität wird die *Speech-contest*-Methode (vgl. Kapitel 4.2) eingesetzt.

Material: *Buddy books* der Schüler, die als vorbereitende Hausaufgabe erstellt wurden; Teppichfliesen o.ä. für die Meetingpoints

Verlauf:

Einstieg

Nach der Begrüßung gehen die Schüler paarweise oder gruppentischweise zu den vorbereitenden *Meeting points*. Zur Einstimmung stellen sich die Schüler ihre Buddy books mit den Sätzen *„I like apples and bananas and ...“* sowie *“ I don't like oranges and lemons.“* vor.

Auf diese Weise werden die Satzstrukturen und das Wortmaterial der letzten Unterrichtsstunden wiederholt. Nachdem sich die Schüler einige Male ausgetauscht haben, setzen sie sich an ihre Plätze zurück.

Erarbeitung

Es wird eine Situation auf einem Markt dargestellt. Dafür wird ein Tisch als Theke benutzt, auf dem verschiedene Obstsorten ausgelegt sind. Auf die Frage *„What can you buy on the market?“* äußern sich die Schüler möglichst im ganzen Satz mit: *„I can buy apples and oranges...“* Diese Satzstruktur ist für die Schüler neu und sollte zunächst einige Male im Chor gesprochen werden. Nachdem die Namen der Obstsorten genannt worden sind und die Schüler diese im Chor wiederholt ausgesprochen haben, wird eine kurze Einkaufsituation vorgespielt. Dabei spielt der Lehrer sowohl die Rolle des *„salesman/woman“* als auch die des *„customers“*. Ein Dialogbeispiel stellt folgendes Gespräch dar:

A: *Hello!*

B: *Hello!*

A: *Can I help you?*

B: *Yes, I'd like oranges and apples, please.*

A: *It costs two pounds/dollars. Oder That's two pounds/dollars.*

B: *Thank you, good bye.*

A: *Good bye.*

Nachdem die Schüler das Rollenspiel gesehen und gehört haben, tauschen sie sich mit ihrem Sitznachbarn über den Inhalt aus. Die genaue Übersetzung erfolgt anschließend im Plenum. Es sollte kurz auf die englische bzw. amerikanische Währung eingegangen werden. Die Sätze des Dialoges sind so gewählt, dass sie dem deutschen Sprachduktus ähneln.

Zunächst wird der Dialog mehrmals mit der Lehrkraft und freiwilligen Schülern vor dem Plenum vorgespielt. Dabei wiederholen die anderen Schüler die einzelnen Sätze im Chor. Nachdem der Dialog oft gehört sowie gesprochen wurde, wird er zur sprachlichen Unterstützung an die Tafel geschrieben.

Partnerfindung und Kontaktaktivität

Für die Partnerfindung wird eine abgewandelte Form des Line ups gewählt. Dazu wird ein imaginärer Strich durch die Klasse gezogen. Schüler, die der Meinung sind, dass sie den Dialog bereits beherrschen, stellen sich auf die linke Seite mit dem Gesicht zur Linie auf. Unsichere Schüler stellen sich auf der gegenüberliegenden Seite auf. Nun stehen sich immer zwei Kinder gegenüber. Diese bilden ein Paar und setzen sich gemeinsam an einen Tisch oder setzen sich gemeinsam an einen Ort, an dem sie ungestört üben können. Die Kontaktaktivität Speech contest (vgl. Kapitel 4.2) soll eine vertrauensvolle Basis schaffen.

Arbeitsphase

Die Schüler sollen den vorgestellten Dialog nachspielen. Da sich immer ein Schüler pro Paar sicher beim Sprechen des Dialogs fühlt, kann dieses Kind seinen Partner helfen und ihn unterstützen. Da es beim Rollenspiel zwei verschiedene Rollen gibt, wechseln sich die Paare ab und probieren jede Sprechrolle aus. Mitgebrachtes Obst können die Schüler für ihr Rollenspiel ausleihen. Die Arbeitsphase sollte zunächst mit 15 Minuten angekündigt werden. Sollten die Schüler mehr Zeit benötigen, kann verlängert werden.

Reflexionsphase

Die Reflexion findet im Plenum statt. Freiwillige Paare, stellen ihr Rollenspiel vor der Klasse vor. Die anderen Schüler erhalten den Auftrag, auf die Aussprache zu achten. Nach jeder Präsentation wird applaudiert, denn der Mut zur Präsentation ist bereits ein großes Lob wert. Tipps für die Aussprache werden anschließend mündlich ausgetauscht.

Aspekte des Kooperativen Lernens in der vierten Unterrichtseinheit

Positive Abhängigkeit

- **Ziel:** einen Dialog mit einem Partner einüben und vortragen
- **Lernmaterial:** Interviewleitfaden an der Tafel
- **Außenkraft:** Zeitvorgabe
- **Lernumgebung:** an einem gemeinsamen Ort, an dem eine *face-to-face*-Interaktion möglich ist.

Soziales Lernen

Die Schüler helfen und verbessern einander unter Berücksichtigung der Leitfrage.

Direkte Interaktion

Das Rollenspiel an sich regt zur direkten Interaktion an.

Tabellarischer Unterrichtsverlauf: 4. Einheit zum Thema *fruits*

Thema: *On the market*

Ziel: In einem kurzen Dialog Fragen stellen und solche beantworten.

Unterrichtsphase/Zeit	Unterrichtsgeschehen	Material
Einstieg	◆ Begrüßung ◆ Ablauf der Stunde erläutern ◆ Schüler tauschen ihre Hausaufgaben auf *Meeting points* aus und benutzen dabei die Satzstrukturen „*I like …/I don't like …*" aus der Vorstunde. *Please, present your homework on one of the meeting points Tell your partner which fruit you like and don't like. Start with the sentence „I like…/I don't like…"*	◆ Symbolkarte für den Ablauf (*Meeting points*)
Erarbeitung	◆ Ein Tisch wird mit echtem Obst ausgestattet. Die Schüler erzählen, welche Obstsorten sie auf dem Marktstand einkaufen können. ◆ Eine mögliche Satzstruktur ist: „*I can buy apples.*" ◆ Der Lehrer stellt einen Dialog vor: A: *Hello!* B: *Hello!* A: *Can I help you?* B: *Yes, I'd like oranges and apples, please.* A: *It costs two pounds/dollars.* B: *Thank you, goodbye!* A: *Goodbye!*	◆ Bildkarten zum Thema *fruits* in A5 für die Tafel ◆ pro Schüler eine ausgeschnittene Bildkarte zum Thema *fruits* in klein ◆ Obst ◆ Obst
Partnerfindung und Kontaktaktivität	◆ Die Schüler bilden ein *Line up* (vgl. Kapitel 4.1). ◆ Die Paare setzen sich an einen gemeinsamen Ort und führen circa 3 Minuten ein *Speech contest* durch.	
Arbeitsphase	◆ Die Schüler studieren ihre Dialoge ein	
Präsentation	◆ Freiwillige Schüler stellen ihr eingeübtes Rollenspiel vor.	

5. Unterrichtseinheit

Thema: *making a fruit salad*

Ziel: Das *Placemat* aus der ersten Unterrichtseinheit mit dazugelernten Wörtern ergänzen sowie einen Fruchtsalat herstellen.

Methode: Der Fruchtsalat wird in der Gruppe hergestellt. Dazu erhält jeder eine bestimmte Aufgabe.

Material: *Placemats* aus der ersten Stunde, Obst für den Obstsalat, je zwei Brettchen und zwei Messer pro Vierer-Gruppe, der schriftliche Marktdialog an der Tafel

Verlauf:

Einstieg

Die Schüler begrüßen sich in der üblichen ritualisierten Form. Anschließend wird der Ablauf der Stunde mithilfe von Bildkarten dargestellt. Um die Vokabeln der letzten Stunden zu wiederholen, spielen die Schüler zum Einstieg das Vokabelspiel *Catch the ball* (vgl. Kapitel 4.3).

1. Arbeitsphase

Die *Placemats* der ersten Unterrichtseinheit werden verteilt. Dazu sitzen die Schüler mit ihren damaligen Partnern zusammen. Sie ergänzen ihr *Placemat* mit neuen Wörtern, die sie während der Reihe dazugelernt haben oder radieren die Bleistift-Umrahmungen aus. Jede aufgemalte Obstsorte wird anschließend mündlich benannt. Die Schüler können sich über die Wörter austauschen oder sie in ihrem Lerntagebuch festhalten.

Gruppenfindung und Kontaktaktivität

Um die Unterrichtsreihe abzurunden, kann aus den Früchten der letzten Unterrichtseinheit ein Obstsalat hergestellt werden. Dafür bilden die Schüler Vierer-Gruppen. Eine schnelle Zusammenstellung der Gruppen erfolgt mithilfe der *Find-your-number*-Methode (vgl. Kapitel 4.1).

Mit den bereits bekannten Sätzen *„I like…" und „I don't like…"* tauschen sich die Schüler kurz darüber aus, welche Früchte sie bevorzugen. Damit stimmen sich die Gruppen darüber ab, welches Obst für den Obstsalat bei der Lehrkraft eingekauft wird. Ein Schüler pro Gruppe malt oder schreibt auf einem Einkaufszettel auf, welche Früchte die Gruppe in ihrem Salat haben möchte.

2. Arbeitsphase

Die Schüler erhalten Aufgaben, um die Vorbereitung und Herstellung des Obstsalates zu strukturieren.

Number 1 and 2: *manager of materials* (Sie besorgen die Gegenstände wie zwei Messer, zwei Brettchen oder Schneideunterlagen und eine Schüssel.)

Number 3 and 4: *customers* (Sie kaufen das Obst für den Salat bei der Lehrkraft ein. Die dafür benutzten Sätze können an der Tafel visualisiert werden.)

Nachdem das Obst und die Materialien an den Tischen verteilt wurden, wechseln sich die Paare mit dem Kleinschneiden der Früchte ab. Vor dem Verarbeiten der Früchte können die Schüler noch mit geschlossenen Augen ertasten, welche Obstsorten sie vor sich liegen haben und diese auf Englisch benennen. Abschließend wird der Obstsalat gemeinsam gegessen.

Aspekte des Kooperativen Lernens in der fünften Unterrichtseinheit

Positive Abhängigkeit

- **Ziel:** einen Obstsalat in der Gruppe herstellen
- **Lernmaterial:** Gegenstände für die Verarbeitung der Früchte, ein Einkaufszettel pro Gruppe

Soziales Lernen

Die Schüler teilen sich die Arbeiten innerhalb der Gruppe auf und lernen, sich abzuwechseln.

Direkte Interaktion

Eine direkte Interaktion zwischen den Schülern findet während verschiedener Phasen der Einheit statt. Sie wird aufgrund des gemeinsamen Sitzplatzes und der verschiedenen Methoden ermöglicht.

Tabellarischer Unterrichtsverlauf: 5. Einheit zum Thema *fruits*

Thema: *making a fruit salad*

Ziel: Das *Placemat* aus der ersten Unterrichtseinheit mit dazugelernten Wörtern ergänzen sowie einen Fruchtsalat herstellen.

Unterrichtsphase/Zeit	Unterrichtsgeschehen	Material
Einstieg	◆ Begrüßung ◆ Ablauf der Stunde erläutern ◆ Zur Einstimmung und Wiederholung der Obstnamen wird das Vokabelspiel *Catch the ball* gespielt. ◆ Placemats aus der ersten Stunde werden verteilt; die Schüler setzen sich zu ihren Partnern. *Here you see your Placemat from the first lesson. Now, complete it with the new words you have learned.*	◆ *Placemats* aus der ersten Stunde der Reihe *fruits*
1. Arbeitsphase	◆ Die Schüler tragen ihre neu gelernten Wörter ins Placemat ein. ◆ Kurzer Austausch über die dazu gelernten Wörter. Ergebnisse können im Lerntagebuch festgehalten werden.	◆ *Placemats*
Gruppenfindung und Kontaktaktivität	◆ Mittels der Find-your-number-Methode bilden die Schüler vierer-Gruppen. *Find your group with the same number.* ◆ Mit den Sätzen *„I like…" und „I don't like…"* nehmen die Schüler ersten Kontakt miteinander auf. ◆ Die für den Obstsalat favorisierten Früchte werden auf einen Einkaufszettel gemalt.	◆ Zahlenkärtchen mit je vier gleichen Zahlen pro Gruppe ◆ Einkaufszettel
Vorbereitungsphase	◆ Rollenverteilung: Schüler 1 und 2 = *manager of materials*; Schüler 3 und 4 = *Customers* ◆ Die Schüler 1 und 2 besorgen alle Materialien, um den Obstsalat herzustellen. Die Schüler 3 und 4 kaufen die Früchte bei der Lehrkraft ein. ◆ Für den Einkaufsdialog werden die bekannten Sätze aus der letzten Einheit gewählt.	◆ je Gruppe zwei Brettchen ◆ je Gruppe zwei Messer ◆ je Gruppe eine Schüssel ◆ verschiedene Obstsorten ◆ Marktdialog
2. Arbeitsphase	◆ Die Schüler wechseln sich mit dem Schneiden der Obstsorten ab. ◆ Abschließend wird der Obstsalat gegessen.	

Kopiervorlagen zur Einheit *fruits*

KV 4: Lied *I like to eat,* mündlich überliefert (Westermann Verlag)

KV 5: Bildkarten

5.3 Unterrichtseinheit für das zweite Schuljahr

Storytelling als Möglichkeit der Sprachförderung und Wortschatzeinführung zum Themenbereich *weather* in Verbindung mit kooperativen Lernformen

Eine Legitimation für das Thema *weather* lässt sich an verschiedenen Stellen des Lehrplans Englisch festmachen. Die Reihe ist schwerpunktmäßig dem Bereich „Kommunikative Fähigkeiten und Fertigkeiten erwerben“ zuzuordnen. Die Schüler lernen Redemittel kennen, die im alltäglichen Leben angewandt werden können und üben sich darin, sich im Dialog zu verständigen, gezielt Informationen aus Äußerungen zu entnehmen und danach zu handeln. Zu einer der grundlegenden Aufgaben des Faches Englisch in der Grundschule gehört es, Wörter und Wendungen aus den Erfahrungsfeldern der Schüler zu lehren. Die Unterrichtsreihe ist dem Erfahrungsfeld „Jeden Tag und jedes Jahr – *through the year*“ zuzuordnen (vgl. Lehrplan Englisch). Zudem ist das Wetter ein Thema, mit dem man vor allem in England im Alltag unbefangen ein Gespräch (*small talk*) beginnen kann.

Um nicht immer den Lehrer als einzigen möglichen Gesprächspartner zu wählen, werden in jeder Stunde Situationen geschaffen, in denen die Schüler mit einem oder mehreren anderen Kindern ins Gespräch kommen können. Die Unterrichtsreihe besteht aus *Storytelling*, einem Lied und textlichen Eigenproduktionen der Schüler. Die folgenden Lernziele werden in fünf Unterrichtseinheiten vermittelt, wobei eine Einheit nicht einer Unterrichtsstunde entsprechen muss. Die zeitliche Dauer richtet sich nach dem Vorwissen der Schüler und nach den Voraussetzungen der jeweiligen Arbeitsgruppe.

Typische Wettersituationen begegnen den Kindern während der unterschiedlichen Jahreszeiten und bieten in zukünftigen Unterrichtsstunden einen guten Anlass, um das Thema weather in ritualisierter Form aufzugreifen *(„What's the weather like today?“).*

Lernziele der Unterrichtsreihe

Lernziele im Bereich Sachkompetenz

Die Schüler ...

- bauen einen Wortschatz aus dem Erfahrungsfeld „Wetter“ auf.
- trainieren während der Partner- und Gruppenarbeiten die englische Aussprache.
- trainieren ihre rezeptiven und produktiven Sprachfähigkeiten.

Lernziele im Bereich Sozialkompetenz

Die Schüler ...

- entwickeln den Mut, sich auf Englisch zu äußern.

- werden aufgrund der häufigen Wiederholungen der Satzstrukturen selbstsicherer in ihrer Aussprache und Anwendungen.
- machen während der Partner- und Gruppenarbeit Erfahrungen im kooperativen Arbeiten: Sie unterstützen, korrigieren und loben sich gegenseitig.
- schulen sich während des Vortragens der Geschichte und während der Arbeitsphase im aktiven Zuhören.
- lernen, sich auf wechselnde Arbeitspartner einzulassen.
- üben sich darin, Aufgaben verantwortungsbewusst für die Gruppe zu erledigen.
- lernen Regeln, einzuhalten.

Lernziele im Bereich der Methodenkompetenz

Die Schüler...

- erwerben elementare Lern- und Arbeitstechniken, um sich Wörter, Wendungen und Sätze zu merken.
- lernen mit der *Talking-chip*-Methode, dass sich jeder Schüler gleich oft in Planungsprozesse einbringen kann.
- lernen die unterstützende Arbeitsteilung innerhalb einer Gruppe mit Hilfe der Rollenverteilung kennen.
- lernen anhand unterschiedlicher Reflexionsmethoden, eigene Lernerfolge einzuschätzen und über das eigene Verhalten nachzudenken sowie darüber zu sprechen.

1. Unterrichtseinheit

Thema: Einführung der Unterrichtsreihe zum Thema *weather* mit Hilfe des Liedes *What's the weather like today?*

Ziel: Die Schlüsselbegriffe aus dem Themenbereich *weather* aussprechen, anwenden und festigen.

Methode: Für die Gruppenfindung wird die *Puzzle*-Methode mit Wetterbildern eingesetzt (vgl. Kapitel 4.2).Weiterhin kommt die Verteilung von Rollen innerhalb der Gruppen zum Einsatz. Die Reflexion findet mit Hilfe der *Give-me-five*-Methode (vgl. Kapitel 4.5) statt.

Material: Liedtext *What's the weather like today?* (KV 6), für die Gruppenfindung pro Gruppe ein Wetterbild, das in vier Puzzleteile zerschnitten wird, einmal Bildkarten in A5 zum Thema weather für die Tafel, ausgeschnittene kleine Bildkarten zum Thema weather pro Tischgruppe (KV 7), Rollenkärtchen pro Gruppe (Schreiber, Flüsterchef, Materialmanager und Zeitmanager; KV 27).

Verlauf:

Einstieg

Die Schüler hören das Lied *What`s the weather like today?* Dabei hält die Lehrperson die dazugehörenden Wettersituationen anhand von Bildkarten hoch. Nachdem das Lied zweimal vorgesungen wurde, tauschen sich die Sitznachbarn darüber aus, was aus dem Lied verstanden wurde. Anschließend wird das Lied im Plenum übersetzt. Jeder Schüler erhält den Text, in dem er sich einige Übersetzungen und die phonetisch richtige Aussprache notieren kann. Die erste Strophe des Liedes wird mehrere Male mit unterschiedlichen Wettersituationen gesungen. Dabei können die Mädchen und Jungen die Strophen abwechselnd singen oder das Lied wird einmal laut und einmal leise gesungen.

Gruppenbildung und Kontaktaktivität

Wenn den Schülern die einzelnen Wettersituationen, Text und Melodie bekannt sind, werden je nach Klassengröße Dreier- oder Vierer-Gruppen gebildet. Die Gruppenbildung erfolgt mit der Puzzle-Methode. Die Puzzles kann man aus den vorhandenen Wetterbildkarten erstellen. Die Schüler suchen ihre Gruppenmitglieder, indem sie sich die Frage *„What's the weather like today?“* stellen. Die Kinder antworten je nach Bildausschnitt mit ihrer Wettersituation, zum Beispiel: *„It is sunny.“* oder nur mit dem Wort *„sunny“*. Haben sich die Gruppen gefunden, erfolgt die Kontaktaktivitätsphase: Die Schüler malen sich gegenseitig eine Wettersituation auf den Rücken, die erraten werden soll.

Arbeitsphase

Die Schüler dichten das Wetterlied weiter, indem sie sich für die weiteren Tage der Woche Wettersituationen ausdenken. Bevor die Schüler mit dem Umgestalten des Textes beginnen, geben sich die Gruppen Band-Namen. Mit einem individuellen Namen erhält die Gruppe eine eigene Identität, wodurch sich jeder Schüler mit seiner Gruppe verbunden fühlen soll. Während der Präsentation können die Bands dann motivierend aufgerufen werden. Jeder Gruppe liegen das Lied als Original sowie alle Wetterbildkarten im Kleinformat vor. Die Wetterbilder sollen beim Weiterdichten des Liedes helfen. Nachdem sich die Schüler auf eine Wettersituation geeinigt haben, wird das Wettersymbol neben dem entsprechenden Wochentag eingetragen.

Damit alle Teammitglieder sich an dem Prozess beteiligen, erhält jeder Schüler mindestens eine Wetterbildkarte mit einer Wettersituation. Der Reihe nach stellt jeder Schüler sein Wettersymbol vor und gibt einen Vorschlag ab, zu welchem Wochentag dieser gedichtet werden soll. Eine zeitliche Vorgabe soll das gezielte Arbeiten unterstützen.

Die Reflexionskriterien, jeweils ein soziales und ein inhaltliches Ziel werden den Schülern vor der Arbeitsphase mit Symbolkarten verdeutlicht.

Mögliche soziale Ziele:

- Konnte jeder von euch seine Ideen einbringen? *Could each of you introduce his ideas?*
- Habt ihr euch gegenseitig geholfen und ermutigt? *Have you helped and encouraged each other?*

Mögliche inhaltliche Ziele könnten lauten:

- Habt ihr eure Ideen auf Englisch vorstellen können? *Could you introduce your ideas in English?*
- Konntet ihr die anderen verstehen? *Could you understand each other in English?*

Die Bands üben ihr neugetextetes Lied, um es in der nächsten Unterrichtseinheit präsentieren zu können.

Reflexionsphase

Die Reflexion des sozialen und inhaltlichen Ziels kann mit der *Give-me-five-*Methode (vgl. Kapitel 4.5) erfolgen. Wichtig ist dabei, dass immer nur ein Kind pro Gruppe das Ergebnis der Gruppe zeigt. Dafür müssen sich die Schüler austauschen und sich auf eine Meinung einigen.

Aspekte des Kooperativen Lernens in der ersten Unterrichtseinheit

Positive Abhängigkeit

- **Ziel:** in der Gruppe ein eigenes Wetterlied zu erstellen
- **Lernmaterial:** ein Liedtext und Bildkarten pro Gruppe
- **Außenkraft:** Zeitvorgabe
- **Lernumgebung:** Die Erarbeitung findet an Gruppentischen statt
- **Identität:** durch den individuellen Band-Namen jeder Gruppe.

Gruppenevaluation

Die *Give-me-five-*Methode wird als Reflexionsmethode eingesetzt. Die vorgegebenen Reflexionskriterien beziehen sich auf soziale und inhaltliche Ziele aus der Gruppenarbeitsphase.

Soziales Lernen

Im Mittelpunkt steht die Entwicklung folgender Kompetenzen: sich auf neue Personen einzulassen, den Ideen anderer zuzuhören, sich gegenseitig unterstützen und ermutigen.

Direkte Interaktion

Die zahlenmäßig beschränkten Arbeitsmittel und die Gruppentische machen es möglich, dass die Schüler in Interaktion treten.

Tabellarischer Unterrichtsverlauf: 1. Einheit zum Thema *weather*

Thema: Einführung der Unterrichtsreihe zum Thema weather mit Hilfe des Liedes *What's the weather like today?*

Ziel: Die Schlüsselbegriffe aus dem Themenbereich weather aussprechen, anwenden und festigen.

Unterrichtsphase/Zeit	Unterrichtsgeschehen	Material
Einstieg	◆ Begrüßung ◆ Ablauf der Stunde: *Today we will talk about the weather. What do you think "weather" means in German? Now listen to the weather song. Try to understand something.*	◆ Symbolkarte für den Ablauf (Gruppenarbeit, *Talking-chip*-Methode, *Give-me-five*-Methode
Erarbeitungsphase	◆ Lied *What's the weather like today?* vorsingen ◆ Austausch zwischen den Sitzpartnern zum Inhalt des Liedes: *Tell your partner next to you what you could understand.* ◆ Satzstrukturen und die Wettersymbole zum Lied vorsprechen lassen ◆ Lied singen	◆ Liedtext *What's the weather like today?* ◆ Wetterbildkarten für die Tafel
Gruppenbildung und Kontaktaktivität	◆ Puzzleteile verteilen und Gruppe finden lassen: *Find your group with the matching puzzle piece.* ◆ Wettersituation auf den Rücken malen und erraten lassen: *Draw a weather situation on the back of your partner. He has to guess what it is. The words of the different weather situations are on the blackboard.*	◆ kleine Wetterbildkarten in drei bzw. vier Teile zerschnitten
Arbeitsphase	◆ Lied weiter dichten: *Go on with the song and find different weather situations for the other days in the week. To check if everyone has said something, each of you gets one weather picture card. Say your idea for the song with your picture card. And try to sing it.* ◆ erstes Einstudieren: *When your song is complete you can practice it before performing it.*	◆ Liedtext ◆ Wetterbildkarten pro Gruppe
Reflexionsphase	◆ *Give-me-five*-Methode	

2. Unterrichtseinheit

Thema: Lied *What's the weather like today?*

Ziel: Die umgetexteten Lieder verständlich präsentieren, verstehen und übersetzen.

Methode: Es findet ein Wechsel zwischen Präsentations- und Reflexionsphasen in den Gruppen statt. Die Zuhörer stellen nach der jeweiligen Präsentation dar, was sie verstanden haben, indem sie die Methode der Bilderkette (vgl. Kapitel 4.5) nutzen.

Material: Eigene Liedtexte *What's the weather like today?*, Accessoires passend zum Lied, wie zum Beispiel Regenschirm, Regenjacke oder Sonnenbrille, ausgeschnittene Bildkarten aller bekannten Wettersituationen (KV 7) für jede Gruppe, pro Kind eine Wetteruhr (KV 8)

Verlauf:

Einstieg

Zur Einstimmung wird die erste Strophe des Liedes *What's the weather like today?* gesungen.

Arbeitsphase

Die Schüler setzen sich in ihren Bands zusammen. Sie erhalten Zeit, um ihr gedichtetes Lied für die anstehende Präsentation einzuüben. Um die Präsentation etwas lebendiger zu gestalten, können sich die Schüler neben den Bildkarten auch Accessoires wie Regenschirm, Sonnenbrille oder Regenjacke nutzen.

Präsentation und Reflexionsphase

Bevor die einzelnen Bands ihre veränderten Lieder dem Plenum vorstellen, erhält jede Gruppe Bildkärtchen, der verschiedenen Wettersituationen. Die zuhörenden Gruppen legen die Kärtchen in die Reihenfolge, die sie dem vorgetragenen Liedtext entnehmen können. So müssen sich die Schüler auf den Inhalt und auf die Reihenfolge des jeweiligen Liedes konzentrieren. Nachdem die Gruppen ihre Kärtchen ausgelegt haben, wiederholt die präsentierende Gruppe ihren Liedtext und heftet dabei die vergrößerten Bildkarten an die Tafel. So kann sich jede Gruppe kontrollieren.

Als Hausaufgabe für die nächste Einheit soll eine Wetteruhr gebastelt und ausgemalt werden (KV 8) Sie wird für ein Partnerspiel benötigt.

Aspekte des Kooperativen Lernens in der zweiten Unterrichtseinheit

Positive Abhängigkeit

- **Ziel:** in der Gruppe ein eigenes Wetterlied präsentieren, sowie die präsentierten Liedtexte anhand der Bildkarten nachvollziehen
- **Lernmaterial:** ein Liedtext pro Gruppe, einen Satz Bildkarten pro Gruppe
- **Außenkraft:** Zeitvorgabe
- **Lernumgebung:** Die Erarbeitung findet an Gruppentischen statt.
- **Identität:** durch die Bandnamen, der einzelnen Gruppen

Gruppenevaluation

Das inhaltliche Ziel, die Lieder mit ihrem neuen Texten nachvollziehen und verstehen zu können, wird anhand der Bilderkette reflektiert. Diese Reflexionsform dient sowohl den zuhörenden Gruppen als auch der präsentierenden Gruppe: Die zuhörenden Gruppen können nach der Auflösung feststellen, ob sie dem Inhalt richtig folgen konnten. Die präsentierende Gruppe kann überprüfen, ob sie ihr Lied so deutlich vorgetragen hat, dass die Schüler diesem folgen konnten.

Soziales Lernen

Die Schüler müssen sich vor ihrer Präsentation einigen, wie sie ihr Lied vortragen möchten und welche Accessoires zum Einsatz kommen sollen.

Direkte Interaktion

Die Schüler sitzen an Gruppentischen, was die Kommunikation und die Zusammenarbeit während der Reflexionsphase erleichtert.

Tabellarischer Unterrichtsverlauf: 2. Einheit zum Thema *weather*

Thema: Lied *What's the weather like today?*

Ziel: Die umgetexteten Lieder verständlich präsentieren, verstehen und übersetzen.

Unterrichtsphase/Zeit	Unterrichtsgeschehen	Material
Einstieg	◆ Begrüßung ◆ Ablauf der Stunde: *Today we will see our different bands presenting the new weather songs. Here you find some accessories for your song.*	◆ orginal Liedtext *What's the weather like today?* ◆ Symbolkarten für den Ablauf (Gruppenarbeit, *Give-me-five-Methode*)
Arbeitsphase	◆ Einstudieren des Liedes mit Accessoires	◆ eigenen Liedtext ◆ Accessoires (Regenschirm, Sonnenbrille, etc.)
Vorstellung und Präsentationen	◆ eigene Versionen vom Lied *What's the weather like today*	◆ Wetterbildkarten pro Gruppe ◆ eigene Liedtext-Version ◆ Bildkarten *weather* in A5 für die Tafel ◆ Accessoires
Hausaufgaben	◆ Wetteruhren basteln	◆ Wetteruhr-Vorlage, Musterklammern

3. Unterrichtseinheit

Thema: *Storytelling The witch and her dragon*, Festigung des Wortschatzes zum Thema *weather* sowie der Fragestruktur *„What's the weather like today?"*

Ziel: Die Geschichte mit ihrem Inhalt zum Thema weather verstehen und festigen sowie sich in einem Dialog über das Wetter austauschen.

Methode: Die Stunde ist in zwei verschiedene Phasen gegliedert. Der erste Teil besteht aus einer intensiven Erarbeitungsphase, die frontal durchgeführt wird. In diesem Teil wird von der Lehrkraft die Geschichte von der kleinen Hexe erzählt. Im zweiten Teil werden die Schüler selbst aktiv und wenden die aus der Geschichte bekannten Satzstrukturen in einem Partnerspiel an.

Material: Geschichte *The little witch and her dragon* (KV 9), fertige Wetteruhren

Zur Geschichte:

Die Geschichte *The witch and her dragon*, handelt von einer kleinen Hexe, die täglich mit neuen Wettersituationen konfrontiert wird. Sie fragt ihren Freund, den Drachen, jeden Tag, wie das Wetter ist. Die kleine Hexe wünscht sich nämlich nichts sehnlicher als Regenwetter. Denn ihre hässlichen Hexenschuhe verwandeln sich erst zu tollen bunten Zauberschuhen, wenn Regen auf sie fällt. Doch jedes Mal, wenn sie den Drachen fragt, ist anderes Wetter. Die Hexe ist sehr traurig darüber und versucht mit einem Hexenspruch das bestehende Wetter wegzuhexen. Am Samstag gelingt es ihr mit der Hilfe der Kinder, die ihren Zauberspruch ganz laut mitsprechen müssen, und es beginnt zu regnen. Als die Hexe dann nach draußen geht, verwandeln sich ihre Schuhe zu knallbunten Schuhen mit blitzenden Sternen. Die Hexe ist so glücklich darüber, dass sie bis zum Sonntag im Regen tanzt.

Die Geschichte bietet sich aus verschiedenen Gründen zur Behandlung im Unterricht an.

1. Sie ist sprachlich einfach strukturiert und beinhaltet häufig wiederkehrende Satzstrukturen, die die Schüler nach mehrmaligem Hören mitsprechen und behalten können.
2. Die in der Geschichte vorkommenden Wochentage leiten dazu über, nach dem Wetter die Wochentage intensiv zu behandeln.

Verlauf:

Einstieg

Nach der Begrüßung wird der Verlauf der Stunde anhand von Symbolkarten dargestellt. Daraufhin werden die Schüler mit ihren gebastelten und mit Namen versehenen Wetteruhren in den Theaterhalbkreis gerufen. Die Wetteruhren werden eingesammelt.

Erarbeitungsphase

Die Geschichte *The little witch and her dragon* wird den Schülern mit Hilfe der Bildkarten (KV 9) vorgelesen bzw. frei erzählt. Kleben Sie die kopierten Textzeilen auf die Rückseite der entsprechenden Bildkarten. Auf diese Weise können sich die Schüler parallel zur Erzählung auf das Bild konzentrieren und sich den Inhalt leichter erschließen. Die Geschichte ist so strukturiert, dass sie die Schüler auffordert, den Zauberspruch der Hexe mitzusprechen. Die Schüler sollten während der Erzählung den Freiraum haben, sich zum Inhalt zu äußern oder Fragen zu stellen. Weitere Aktivitäten, wie zum Beispiel die Wettersituation oder die verschiedenen Gefühle der Hexe pantomimisch nachzustellen, können die Geschichte etwas auflockern. Außerdem hilft es den Schülern, sich das Vokabular über die jeweilige Aktion besser einzuprägen.

Nachdem die Geschichte einmal vorgetragen wurde, wird sie ein weiteres Mal erzählt. Immer zwei Schüler erhalten eine Bildkarte, die sie bei der entsprechenden Textstelle an die Tafel heften. Dadurch wird der Verlauf der Geschichte vertieft und die Schüler werden aktiv eingebunden.

Anschließend wird im Plenum ein Ratespiel vorgestellt, welches die Satzstrukturen aus der Geschichte aufgreift. Es empfiehlt sich, das Spiel als Lehrperson zunächst mit einem Schüler zu präsentieren. Beide halten ihre Wetteruhr vor sich. Sie stellen für das andere Kind nicht sichtbar die Uhr ein und fragen es: „*What's the weather like today?*“ Das Kind muss daraufhin erraten, welche Wettersituation eingestellt ist. Es fragt: „*Is it sunny?*” Mit der Antwort „*Yes, it is.*“ oder „*No, it isn't.*“ bzw. „*Yes*“ oder „*No*“ wird aufgelöst, ob richtig geraten wurde. Das Kind muss so lange weiterraten, bis es die richtige Wettersituation gefunden hat. Anschließend werden die Rollen getauscht. Es werden ein detailliertes Hörverstehen und eine verständliche Aussprache verlangt.

Arbeitsphase

Nachdem die Schüler den Ablauf des Spiels verstanden haben und sie die benötigten Satzstrukturen sicher aussprechen können, werden Partnerteams gebildet. Dies erfolgt nach dem Zufallsprinzip. Die zuvor eingesammelten Wetteruhren befinden sich in einer Box. Es werden wie bei einem Losverfahren immer zwei Wetteruhren herausgezogen. Die zwei ausgelosten Schüler bilden daraufhin ein Team und suchen sich einen Sitzplatz im Klassenzimmer. Als Kontaktaktivität begrüßen sich beide Schüler mit Handschlag und fragen sich nach ihrem Befinden oder nach ihren Namen.

Da es bei dem Spiel keine Gewinner oder Verlierer gibt, sollte es mithilfe einer Zeitvorgabe eingeschränkt werden.

Reflexionsphase

Nachdem die Schüler mehrere Durchgänge gespielt haben, erfolgt eine abschließende Wettermassage. Die gelernten Wetterbegriffe werden mit den Händen auf dem Rücken des anderen dargestellt. Für „*It's rainy.*“ wird beispielsweise mit den Fingern leicht auf den Rücken geklopft. Auf diese Weise erleben die Schüler eine weitere Form, das Vokabular zu festigen.

Aspekte des Kooperativen Lernens in der dritten Unterrichtseinheit

Positive Abhängigkeit

- **Ziel:** die Wettersymbole kennen und im Dialog anwenden
- **Lernmaterial:** Wetteruhren
- **Außenkraft:** Zeitvorgabe
- **Lernumgebung:** an einem gemeinsamen Platz

Soziales Lernen

Die Schüler müssen sich auf einen zufälligen Gesprächspartner einlassen und den Mut entwickeln, sich auf Englisch zu äußern.

Direkte Interaktion

Die Schüler sitzen gemeinsam an einem Tisch, wodurch ein Dialog ermöglicht wird.

Tabellarischer Unterrichtsverlauf der 3. Einheit zum Thema *weather*

Thema: Storytelling *The witch and her dragon*, Festigung des Wortschatzes zum Thema weather sowie der Fragestruktur *„What's the weather like today?"*

Ziel: Die Geschichte mit ihrem Inhalt zum Thema *weather* verstehen und festigen, sowie sich in einem Dialog über das Wetter austauschen.

Unterrichtsphase/Zeit	Unterrichtsgeschehen	Material
Einstieg	◆ Begrüßung ◆ Ablauf der Stunde erläutern: *Today you will hear a story about a little witch. Write your name on your weather clocks and bring them to the circle.* ◆ Wetteruhren einsammeln	◆ Symbolkarten für den Ablauf (Theaterhalbkreis, Partnerarbeit)
Erarbeitungsphase	◆ Geschichte The little witch and her dragon wird erzählt ◆ Beim zweiten Durchgang erhalten die Schüler die Bildkarten aus der Geschichte und handeln aktiv mit. ◆ Das Ratespiel mit dem Partner wird im Plenum präsentiert. *Play a game with your partner. The first person turns the hand of the weatherclock. The other person has to guess „What's the weather like today" You guess and say: „Is it sunny?" The other person answers: „Yes, it is." or „No, it isn't." Then you change roles and the other person has to guess the weather.*	◆ Geschichte *Little witch and her dragon* ◆ Wetteruhren der Kinder
Arbeitsphase	◆ Im Losverfahren werden die Partner zugeteilt. ◆ Begrüßung zwischen neuen Partnern ◆ Ratespiel	◆ Wetteruhren
Reflexionsphase	◆ Wettermassage mit dem Partner: *At the end, we will make a weather massage.*	◆ Text für die Wettermassage (KV 10)

4. Unterrichtseinheit

Thema: unterschiedliche *weather forecasts* hören und verstehen

Ziel: Die Wettervorhersagen nachvollziehen und auf der eigenen Wetteruhr einstellen können. In den Wetteransagen eine Struktur erkennen (Begrüßung, Ansage des Tages, Wettervorhersage, Verabschiedung)

Methode: Für die Gruppenfindung wird die *Memory*-Methode mit jeweils vier gleichen Wetterbildern eingesetzt. Anschließend werden in den Gruppen Rollen verteilt (Schreiber, Materialmanager, Maler, Flüsterchef). Die Reflexion erfolgt mittels der Gruppenbarometer-Methode.

Material: CD von Sally 3, Nr. 26 (*weather forecasts*), Oldenbourgh Verlag, pro Gruppe eine Vorlage für die Sprachstrukturen eines *weather forecast* (KV 11), ein Plakat pro Gruppe, ausgeschnittene Bildkarten pro Tischgruppe, Rollenkärtchen pro Gruppe: Schreiber, Flüsterchef, Materialmanager und Zeitmanager, (KV 27), Gruppenbarometer (KV 28) und eine Wäscheklammer pro Gruppe

Verlauf:

Einstieg, circa fünf bis zehn Minuten

Als Einstieg in die Unterrichtsstunde werden die Satzstrukturen aus der letzten Stunde wiederholt, indem die Sitzpartner mit Gesten eine Wettersituation darstellen und erraten. Anschließend werden der Ablauf der Stunde sowie die Ziele durch Symbolkarten an der Tafel visualisiert. Die Strukturierung gibt den Schülern Sicherheit und verdeutlicht ihnen, welche Ziele in der Unterrichtsstunde erreicht werden sollen.

Mögliche soziale Ziele:

- Wie habt ihr euch in der Gruppe geeinigt? *How have you agreed in the group?*
- Habt ihr eure Rollen einhalten können? *Could you keep to your roles?*
- Wie war die Stimmung in eurem Team? *How was the atmosphere in your group?*

Mögliches inhaltliches Ziel:

- Konntet ihr den Wetterbericht gut auf Englisch verstehen? *Could you understand the weather forecast?*

Gruppenfindung und Kontaktaktivität

Nach dem Einstimmungsspiel erhält jedes Kind eine Wetterbildkarte. Die Gruppen finden sich anhand der Wetter-Bildkarten, indem sie frei durch die Klasse gehen und jeden nach seinem Wettersymbol fragen. Dies erfolgt mit den Sätzen: „*What's the weather like today?*" – „*It is sunny.*" Die Gruppenfindung per Zufallsprinzip ermöglicht, dass immer wieder neue Schüler zusammenarbeiten können und sich dadurch besser kennen lernen. Nachdem sich die Teams einen Gruppentisch ausgesucht haben, versuchen sich die Schüler in einer Kontaktaktivität, die thematisch nicht unbedingt mit dem Unterrichtsinhalt zu tun haben muss, näher zu kommen. Eine lustige Kontaktaktivität wäre „*Who is it?*“ (vgl. Kapitel 4.2). Anschließend erhalten alle Teammitglieder eine Rolle zugewiesen. Dies erfolgt mit Rollenkärtchen, die verdeckt gezogen oder ausgeteilt werden. Bevor die Schüler in ihren Gruppen arbeiten, werden Reflexionskriterien durch Symbolkarten verdeutlicht.

Erarbeitung

Im Anschluss der Kontaktaktivität hören die Schüler einige Beispiele von Weather forecasts. Nach jedem Bericht tauschen sie sich kurz in ihren Gruppen darüber aus, was sie aus dem Hörbeispiel verstanden haben. Das Wetter des *forecasts* wird auf den eigenen Wetteruhren eingestellt. Nachdem die Inhalte und Verständnisprobleme anschließend im Plenum geklärt wurden, wird die Strukturierung der zu erstellenden Vorträge geklärt. Dazu werden den Schülern nochmals alle Wetterberichte vorgespielt. Jede Gruppe bespricht den Aufbau eines Wetterberichts. Der Schreiber notiert die Überlegung seines Teams auf Deutsch. Die Phase des Austauschs sollte zeitlich begrenzt werden. Als Ansporn, möglichst gezielt zu arbeiten, darf das schnellste Team zuerst seine Notizen vortragen. Die anderen Schüler vergleichen währenddessen, ob sie auf die gleichen Ergebnisse gekommen sind, oder noch Ergänzungen hinzuzufügen haben.

Reflexionsphase

Mit Hilfe des Gruppenbarometers können alle Teams ihre Einschätzungen zu den vorgegebenen Reflexionskriterien abgeben. Auf einen Blick kann festgestellt werden, welche Gruppen noch Hilfe bei ihrer Arbeit brauchen. Durch einen kurzen Austausch darüber, wie die verschiedenen Gruppen vorgegangen sind, erhalten die Teams auch Tipps für ihre weitere Zusammenarbeit. Wichtig ist, dass während einer Reflexion für möglichst alle Gruppen gelungene Ereignisse im Vordergrund stehen, damit sie mit einem positiven Gruppengefühl auseinander gehen können.

Aspekte des Kooperativen Lernens in der vierten Unterrichtseinheit

Positive Abhängigkeit

- **Ziel:** Wettervorhersage verstehen
- **Lernmaterial:** Hörbeispiele, Schreibmaterial
- **Rollen:** Flüsterchef, Materialmanager, Schreiber, Zeitmanager
- **Außenkraft:** Zeitvorgabe
- **Lernumgebung:** Die Erarbeitung findet an Gruppentischen statt.

Gruppenevaluation

Die Einschätzungen zu den Reflexionsinhalten werden mit Hilfe des Gruppenbarometers dargestellt. Sich in den Gruppen auf eine Einschätzung zu einigen sowie das gemeinsame Gespräch im Plenum sind hierfür wichtig.

Soziales Lernen

Im Mittelpunkt stehen die Entwicklung folgender Kompetenzen: sich auf neue Personen einlassen, Kompromisse eingehen und sich auf einen Konsens einigen.

Direkte Interaktion

Während der Erarbeitungsphase sitzen die Schüler gemeinsam an Gruppentischen. Dies erleichtert den kommunikativen Austausch aufgrund der räumlichen Nähe.

Tabellarischer Unterrichtsverlauf: 4. Einheit zum Thema *weather*

Thema: unterschiedliche weather forecasts hören und verstehen

Ziel: Die Wettervorhersagen nachvollziehen und auf der eigenen Wetteruhr einstellen können. In den Wetteransagen eine Struktur erkennen (Begrüßung, Ansage des Tages, Wettervorhersage, Verabschiedung).

Unterrichtsphase/Zeit	Unterrichtsgeschehen	Material
Einstieg	◆ Begrüßung ◆ Ablauf der Stunde erläutern	◆ Symbolkarte für den Ablauf Gruppenarbeit
Gruppenbildung und Kontaktaktivität	◆ Die Wetterbildkarten werden ausgeteilt. ◆ Schüler suchen ihre Gruppe und finden einen Arbeitsplatz ◆ *Who is it?* als Kontaktaktivität	◆ Wetterbildkarten in klein ◆ Rollenkärtchen
Erarbeitungsphase, ca. 5 Minuten	◆ Ein Weather forecast wird gehört. *Listen to the weatherforecast and set up your weather clock.* ◆ Schüler stellen die gehörte Wettersituation auf ihrer Uhr ein. ◆ Die Struktur eines Wetterberichts wird notiert.	◆ eine Wetteruhr pro Gruppe ◆ Blatt zum Schreiben ◆ *weather forecast*
Reflexionsphase	◆ Jede Gruppe stellt nach ihrer Einschätzung zu der gestellten Reflexionsfrage ihre Wäscheklammer auf dem Gruppenbarometer ein, zum Beispiel: *„How was the atmosphere in your group?" oder „How have you agreed in the group?"*	◆ Gruppenbarometer ◆ eine Wäscheklammer pro Gruppe

5. und 6. Unterrichtseinheit

Thema: in Gruppen einen Wetterbericht vorbereiten und präsentieren

Ziel: Einen Wetterbericht nach Strukturvorgaben soweit erstellen und vortragen können, dass andere Schüler ihn verstehen können.

Methode: Die Zuweisung der Rollen (Materialmanager, Maler, Schreiber, Zeitmanager) unterstützt die Strukturierung des Arbeitsprozesses. Mithilfe des Reflexionsbogens erhält jede Gruppe ein Feedback zu ihrer Präsentation.

Material: ein Plakat pro Gruppe, Wetterbildkarten aus den Vorstunden, Rollenkärtchen pro Gruppe (Schreiber, Flüsterchef, Materialmanager, Zeitmanager), Reflexionsbogen pro Gruppe

Verlauf:

Einstieg

Zur Einstimmung in die Englischstunde wird das bekannte Wetterlied gesungen. Der Stundenüberblick mithilfe von Symbolkarten soll den Schülern eine Orientierung über Inhalte und Ziele der Stunde geben. Die Schüler gehen in ihre schon bekannten Gruppen. Die Rollen (Schreiber, Flüsterchef etc.) werden für diese Unterrichtsstunde neu ausgelost. Denn es ist wichtig, dass jedes Kind verschiedene Rollen übernimmt.

Arbeitsphase

Anschließend besorgt der Materialmanager die benötigten Lernmaterialien, um einen *weather forecast* zu erstellen. Durch die Vorstunde ist den Schülern die Struktur eines Wetterberichts bekannt. Trotztdem brauchen sie Formulierungshilfen, die sie in ihrer Präsentation anwenden können. Eine Hilfe ist das Arbeitsblatt *weather forecast* (KV11). Den Schülern wird freigestellt, für welchen Ort sowie für welchen Tag sie ihre Wettervorhersage erstellen möchten. Vorab sollte mit den Kindern nochmals besprochen werden, wie wichtig es für die Gruppe ist, dass sich jeder Einzelne für das Erreichen des Ziels einsetzt – unabhängig davon, welche Rolle er im Arbeitsprozess übernimmt.

Mögliche soziale Reflexionskriterien:

- Konntet ihr euch einigen? Could your group agree with each other?
- Wie habt ihr es geschafft, dass jeder seine Ideen einbringen konnte? *What have you done that everybody could introduce his ideas?*
- Wie habt ihr euch gegenseitig geholfen und ermutigt? *How did you help each other?*

Die inhaltlichen Ziele werden in die Reflexionstabelle eingetragen. Dafür können folgende Leitfragen verwendet werden:

- Wurde die Struktur für den Wetterbericht eingehalten? *Have you kept the structure for the weather report?*
- Sind die Bilder auf eurem Plakat groß und deutlich zu erkennen? *Are the pictures on your poster big and clear to recognise?*
- Habt ihr deutlich und laut gesprochen? *Did you speak loud and clearly?*
- Konntet ihr alles gut auf Englisch verstehen? *Could you understand everything in English?*
- Eure Wettervorhersage fanden wir ..., weil ... *Your weather forecast was ..., because...*

Reflexionsphase

Bevor die Schüler ihre Wetterberichte vortragen, werden anhand der *Give-me-five*-Methode die sozialen Ziele reflektiert. Erst im Anschluss daran beginnen die ersten Gruppen ihre Präsentation. Die zuhörenden Gruppen füllen nach jedem Vortrag einen Reflexionsbogen für die präsentierende Gruppe aus. Da aus zeitlichen Gründen nicht alle Gruppen in der gleichen Stunde präsentieren können, werden die meisten Präsentationen in die nächste Stunde verlagert. In der folgenden Stunde, wenn alle Gruppen ihren Vortrag halten konnten, werden die Reflexionsbögen eingesehen. Die Schüler haben die Möglichkeit, sich über mögliche Tipps und Hilfestellungen auszutauschen sowie positive Aspekte nochmals mündlich hervorzuheben. Die eigenen Fortschritte und Aspekte, an denen man noch arbeiten möchte, werden abschließend im Lerntagebuch festgehalten.

Aspekte des Kooperativen Lernens in der fünften und sechsten Unterrichtseinheit

Positive Abhängigkeit

- **Ziel:** in der Gruppe einen Wetterbericht zu erstellen und vorzutragen
- **Lernmaterial:** ein Plakat, ein Stapel Wetterbildkarten und eine *Weather-forecast*-Vorlage pro Gruppe
- **Rollen:** Maler, Materialmanager, Schreiber, Zeitmanager
- **Außenkraft:** Zeitvorgabe
- **Lernumgebung:** Die Erarbeitung findet an Gruppentischen statt.

Gruppenevaluation

Die sozialen Ziele werden mit der *Give-me-five*-Methode reflektiert, da diese schnell die Meinung aller Gruppen darstellt. Für die inhaltlichen Ziele der Präsentationen werden Reflexionsbögen ausgefüllt.

Soziales Lernen

Die Schüler müssen Regeln und ihre Rollen einhalten, damit das Ziel am Ende der Stunde erreicht werden kann. Damit werden die Kompetenzen gefördert, sich auf neue Personen einzulassen, Ideen von anderen zuzuhören und sich gegenseitig zu unterstützen und zu ermutigen.

Direkte Interaktion

Aufgrund der beschränkten Ressourcen und der Gruppentische, wird es möglich, dass die Schüler untereinander in Interaktion treten.

Tabellarischer Unterrichtsverlauf: 5. Einheit zum Thema *weather*

Thema: In Gruppen einen Wetterbericht vorbereiten und präsentieren

Ziel: Einen Wetterbericht nach Strukturvorgaben so erstellen und vortragen können, dass andere Schüler ihn verstehen können.

Unterrichtsphase/Zeit	Unterrichtsgeschehen	Material
Einstieg	◆ Begrüßung ◆ Lied *What's the weather like today?* ◆ Ablauf der Stunde erläutern ◆ Die Schüler gehen in ihre Gruppen und erhalten ihre Rollenkärtchen.	◆ Symbolkarte für den Ablauf Rollenkärtchen (Schreiber, Maler, Materialmanager, Zeitmanager)
Arbeitsphase	◆ Die Gruppen erarbeiten ihren eigenen Wetterbericht und erstellen dazu ein Wetterplakat. *As a group, create your own weather chart for a day and present it on a poster.*	◆ einmal KV 11 *weather forecast* pro Gruppe ◆ ein Plakat pro Gruppe, Schreibmaterial, Wetterbildkärtchen
Reflexionsphase, ca. 5 Minuten	◆ Mit der *Give-me-five*-Methode werden einige Ziele reflektiert zum Beispiel: *Have you kept the structure for the weather report? Could your group agree with each other? Have you helped each other?*	

Tabellarischer Unterrichtsverlauf: 6. Einheit zum Thema *weather*

Thema: In Gruppen einen Wetterbericht vorbereiten und präsentieren

Ziel: Einen Wetterbericht nach Strukturvorgaben so erstellen und vortragen können, dass andere Schüler ihn verstehen können.

Unterrichtsphase/Zeit	Unterrichtsgeschehen	Material
Einstieg	◆ Begrüßung ◆ Ablauf der Stunde ◆ Die Schüler gehen in ihre Gruppen und erhalten Reflexionsbögen. *On your reflection sheet you are able to see what's important during your presentation. Practice your weather forecast in your group and see if you comply with the criteria.*	◆ Symbolkarte für den Ablauf (Gruppenarbeit, Präsentation) ◆ Reflexionsbögen
Präsentation und Teilreflexion	◆ Die Gruppen stellen ihren Wetterbericht vor. *Please present your weather forecast. The ones who are going to listen to the presentation should fill out the reflection sheet.* ◆ Die zuhörenden Gruppen bewerten den Vortrag anhand des Reflexionsbogen, den die vortragende Gruppe anschließend erhält.	◆ Plakat ◆ Accessoires für die Präsentation (Sonnenbrille, Sonnencreme, Regenschirm)
Reflexionsphase	◆ Die Gruppen schauen sich alle erhaltenen Reflexionsbögen an und notieren sich in ihr Lerntagebuch, was sie bereits gut gemacht haben und woran sie noch arbeiten möchten. *Write in your diary what was good during your presentation and what you want to learn for the future.*	◆ Lerntagebuch

Kopiervorlagen zur Einheit *weather*

KV 6: Lied *What's the weather like today?*

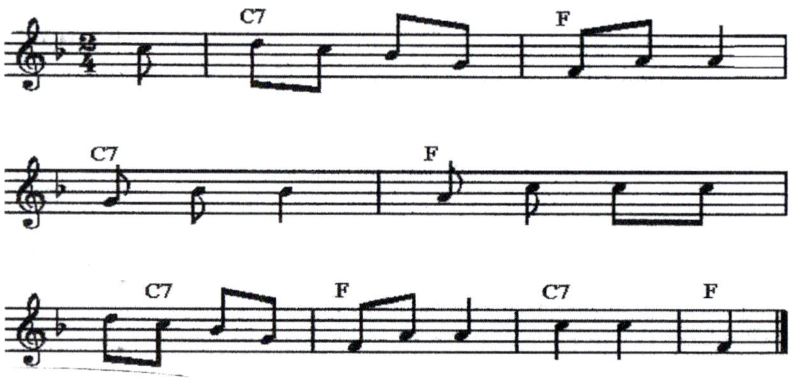

What`s the weather like today, like to-day, like to-day?
What`s the weather like today, on this ***Monday****?*

Well, the weather is sunny today, sunny today, sunny today.
Well, the weather is sunny today, on this ***Monday.***

What`s the weather like today, _____ *like to-day,* _____ *like to-day?*
What`s the weather like today, _____ *on this* ***Tuesday****?*

Well, the weather is _____ *today,* _____ *today,* _____ *today.*
Well, the weather is _____ *today, on this* ***Tuesday.***

... Wednesday: *Well, the weather is* _____ *today,* _____ *today,* _____ *today.*
Well, the weather is _____ *today, on this* ***Wednesday.***

... Thurseday: *Well, the weather is* _____ *today,* _____ *today,* _____ *today.*
Well, the weather is _____ *today, on this* ***Thurseday.***

... Friday: *Well, the weather is* _____ *today,* _____ *today,* _____ *today.*
Well, the weather is _____ *today, on this* ***Friday.***

... Saturday: *Well, the weather is* _____ *today,* _____ *today,* _____ *today.*
Well, the weather is _____ *today, on this* ***Saturday.***

... Sunday: *Well, the weather is* _____ *today,* _____ *today,* _____ *today.*
Well, the weather is _____ *today, on this* ***Sunday.***

Text: www.perpetualpreschool.com/preschool_themes/weather/weather_songs.htm
(Originalquelle ist unbekannt)

KV 7: Wetterbildkarten

KV 8: Wetteruhr

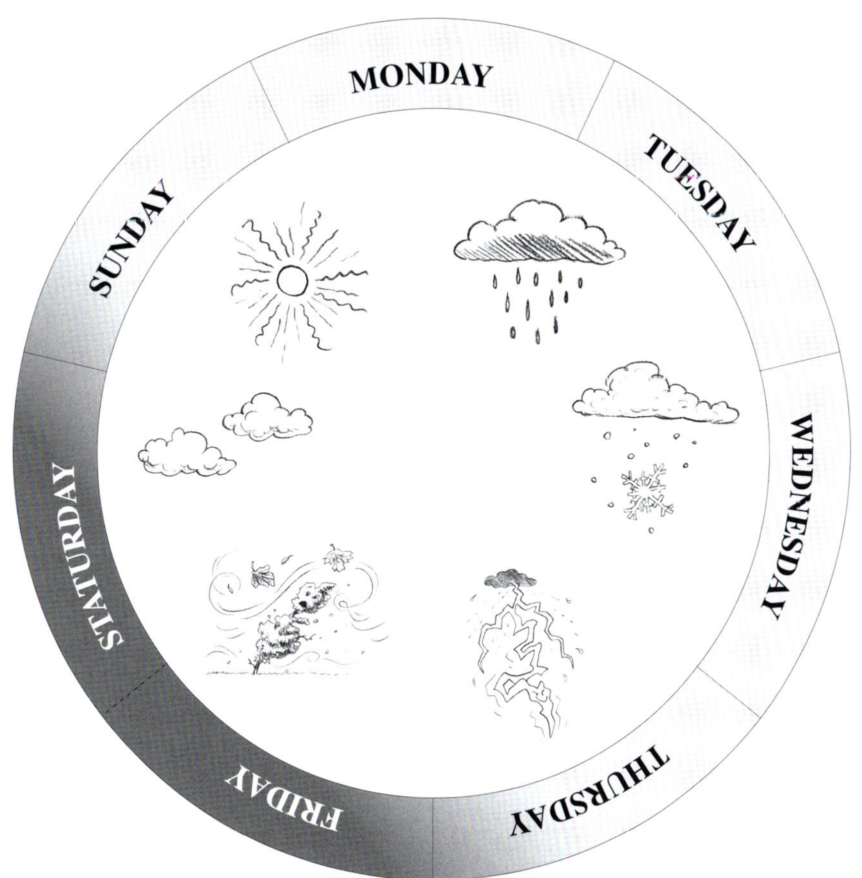

KV 9: Story *The little witch and her dragon* für die dritte Unterrichtseinheit

The little witch and her dragon

by Karolina Wysocki

This is the story about a little witch and her dragon.

*On **Monday** the little witch asked her dragon: "What's the weather like today?"*

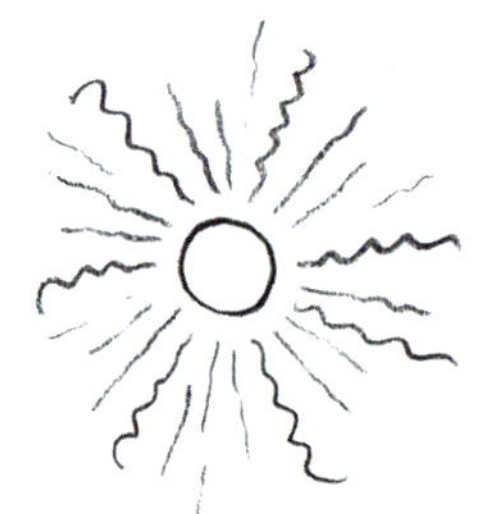

The dragon answered: "It is warm and sunny."

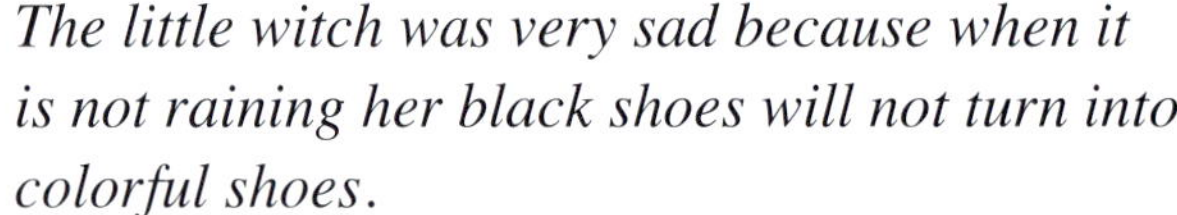

The little witch was very sad because when it is not raining her black shoes will not turn into colorful shoes.

The little witch had an idea. She wanted to stop the sunny weather and said:

"1, 2, 3, it's not sunny."

It was not sunny anymore, but instead of rain snow was falling from the sky.

*On **Tuesday** the little witch asked her dragon: "What's the weather like today?"*

The dragon answered: "It is cold and snowy."

The little witch was very sad because she had black shoes and everyone was freezing.

Then she had an idea and said:

"1, 2, 3, it's not snowy."

The snow stopped, but instead of rain it became thundery.

On ***Wednesday*** *the little witch asked her dragon: "What's the weather like today?"*

The dragon answered: "It is thundery."

The little witch was very sad because she had black shoes and everyone was afraid of the thunder.

The little witch had an idea and said:
"1, 2, 3, it's not thundery."

The thunder stopped, but what was that?
A big wind was coming up.

On ***Thursday*** *the little witch asked her dragon: "What's the weather like today?"*

The dragon answered: "It is windy."

The little witch was very sad because she had black shoes and everything was flying away.

The little witch had an idea and she said: "1, 2, 3, it's not windy."

The wind stopped, but instead of rain big clouds were in the sky.

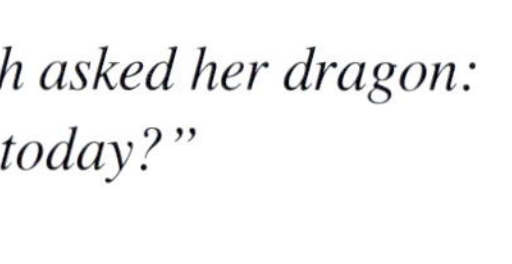

On ***Friday*** *the little witch asked her dragon: "What's the weather like today?"*

Her dragon answered: "It is cloudy."

The little witch was very sad because she wanted rain for her shoes. She tried it once again and said: "1,2,3, it's not cloudy."

Nothing happened! But during the night…

*On **Saturday** the little witch asked her dragon: "What's the weather like today?"*

And her dragon answered: "It is rainy."

The little witch was so happy.

*She went outside and suddenly her shoes turned into different colors. And the rain stayed until **Sunday** ...*

KV 10: Wettermassage *Feeling the weather*

It's windy.	Dem Partner wird leicht in den Nacken geblasen.
Suddenly it start's to rain	Leicht mit den Fingern über den Rücken klopfen,
and it rains more and more.	das Klopfen wird etwas stärker.
All at once it is thundery.	Nur mit den Zeigefingern in den Rücken „stechen".
The rain stops, but it is still cloudy.	Mit großen Knetbewegungen über den Rücken gehen.
After a while the sun is coming out and it is sunny.	Mit den Handflächen über den Rücken reiben.

KV 11: *Weather forecast* für die fünfte Unterrichtseinheit

Begrüßung	***Vorstellen***	***Tag***	***Wetter***	***Verabschiedung***
Hi	*My name is…*	*Today is …*	*It will be… (sunny, rainy)*	*See you tomorrow*
Hello Good morning	*This is (Tim)*	*The weather for (monday, tuesday, etc.)*	*It will be (sunny) in Mönchengladbach*	*Thank you for listening. Good bye*

5.4 Unterrichtseinheiten ab dem dritten Schuljahr

Thema: *farm animals*

Das Thema *farm animals* orientiert sich stark an dem Interesse und der Lebensumwelt der Schüler. Damit ist eine erste Grundlage für Motivation und Freude an dem Thema und den sprachlichen Inhalten gegeben. Die Redemittel und Satzstrukturen während der Einheit sind so gewählt, dass sie auch in anderen Alltagssituationen angewandt werden können. So werden beispielsweise Fragesätze mit „Where, what, which oder when" eingeführt. Um den Schülern einen vielseitigen Zugang zu diesen Redemitteln und Satzstrukturen zu ermöglichen, werden sie immer wiederkehrend in abwechslungsreiche Handlungen integriert. So können das behandelte Wortmaterial und entsprechende Frage- und Antwortsätze hörend, sprechend, lesend sowie über die Schrift aufgenommen werden.

Nachdem der Grundwortschatz im Zusammenhang mit einer Geschichte eingeführt wurde, finden reproduzierende Phasen statt, in denen die Schüler Wort- und Satzstrukturen wiederholen und in Form bewegungsreicher TPR-Übungen und kooperativer Lernmethoden verinnerlichen. Desweiteren stehen kommunikative Situationen im Vordergrund, in denen die Schüler eingeübte Redemittel selbstproduzierend in Dialogen anwenden. Die Sprechakte sind situativ eingebettet. So ähneln die sprachlichen Produktionen und Präsentationen einer alltäglichen Sprechsituation und werden möglichst nicht als isolierte Übung der Sprachförderung wahrgenommen. Das zuvor gefestigte Vokabular wird in einem sinnvollen Zusammenhang angewendet und wiederholt. Natürliche Situationen ergeben sich bei einem Ratespiel, einem Interview oder bei Quizspielen. Bei den Schülern wird das Interesse geweckt und ihnen wird ein Anreiz geboten, sprachlich aktiv zu werden. Die Kommunikationsphasen in Kleingruppen oder mit einem Partner ermöglichen dem Kind, seine Aussprache zu üben und zu überprüfen. Wie im alltäglichen Leben auch erhalten die Schüler von ihrem Gesprächspartner eine Reaktion, ob sie verstanden worden sind. Dem Lehrer bieten diese Gesprächsphasen wiederum eine gute Möglichkeit, die Aussprache einzelner Kinder zu beobachten. Der didaktische Schwerpunkt dieser Reihe liegt daher im Hörverstehen und auf der Erweiterung des mündlichen Sprachhandelns.

Diese Reihe ist dem Erfahrungsfeld „Eine Welt für alle – our nature, our environment" zuzuordnen (vgl. Lehrplan Englisch). Das Thema bietet fächerübergreifende Aspekte. Unterthemen wie die Pflege, die Essgewohnheiten oder Informationen zum Nachwuchs der Tiere sind nur einige Bereiche, die während der Reihe Beachtung finden können. Der Besuch beim Bauern kann genutzt werden, um die Tiere hautnah zu erleben und neue Eindrücke zu erhalten, die anschließend auf Englisch versprachlicht werden.

Der Bereich *Language awareness* betrifft den Vergleich der englischen und deutschen Sprache (vgl. Lehrplan Englisch). In dieser Unterrichtsreihe erkennen die Schüler anhand der Geschichte Unterschiede zwischen englischen und deutschen Tiernamen und den unterschiedlichen Interpretationen der Tierlaute.

Lernziele der Unterrichtsreihe

Lernziele im Bereich der Sachkompetenz

Die Schüler...

- festigen den Wortschatz und Redemittel zum Thema *farm animals*.
- schulen sich im aktiven Zuhören während der methodischen Übungen des TPRs, der Geschichte und der kooperativen Methoden.
- trainieren während des Singens, des Chor-Sprechens und der Partner- und Gruppenarbeiten die englische Aussprache.
- lernen das Schriftbild der Tiernamen sowie einfacher Satzstrukturen kennen und wenden diese während kooperativer Gruppen- und Partnerarbeiten kreativ an.
- lernen, Adjektive und Nomen in sinnvollen Sätzen zu gebrauchen und die Geschichte damit zu verändern.
- lesen behandeltes Wortmaterial.
- verstehen vorgelesene Sätze und erkennen inhaltliche Veränderungen.
- lernen die unterschiedlichen sprachlichen Übersetzungen von Tiernamen und -lauten kennen.

Lernziele im Bereich der Sozialkompetenz

Die Schüler...

- schulen sich während der Dialoge im aktiven Zuhören und reagieren angemessen darauf.
- üben während verschiedener Aktivitäten, auf andere Schüler Rücksicht zu nehmen.
- entwickeln den Mut, sich während schülerorientierter Aktionen auf Englisch zu äußern.
- werden aufgrund der häufigen Wiederholungen der Satzstrukturen selbstsicherer in der englischen Aussprache und im Formulieren.
- machen während der Partner- und Gruppenarbeit Erfahrungen im kooperativen Arbeiten, indem sie sich gegenseitig unterstützen, angemessen korrigieren und loben.
- lernen, sich auf verschiedene Arbeitspartner einzulassen.
- lernen, Regeln einzuhalten.

Lernziele im Bereich der Methodenkompetenz

Die Schüler...

- lernen kooperative Lern- und Arbeitstechniken kennen, um Wörter und Satzstrukturen mündlich sowie schriftlich zu verinnerlichen.
- lernen Methoden zur Präsentation und Reflexion von Arbeitsergebnissen kennen und erhöhen damit ihren eigenen Sprechanteil.
- lernen, ihre eigenen Lernerfolge einzuschätzen und über das eigene Verhalten nachzudenken sowie darüber zu sprechen.

1. Unterrichtseinheit

Thema: Einführung der Unterrichtsreihe *farm animals* mittels der Geschichte Mr. Morgan's Farm

Ziel: Die Geschichte nachvollziehen und anhand von Bildkarten reproduzieren sowie die darin vorkommenden Tiernamen aussprechen und am Schriftbild wiedererkennen.

Methode: *Word-puzzle*-Methode (vgl. Kapitel 4.2) für die Partnerfindung, *Guessing game* als Kontaktaktivität (vgl. Kapitel 4.3)

Material: Geschichte mit den begleitenden Bildkärtchen (KV 12) für die Tafel in A4 sowie für jeden Schüler in klein und eine *Buddy-book*-Vorlage (KV 24)

Verlauf:

Einstieg

Nachdem sich die Schüler begrüßt haben, kommen sie in einem Halbkreis zusammen. Die Geschichte *Mr. Morgan's Farm* (KV 13) wird anhand von Bildkarten (KV 12) in A4 erzählt.

Erarbeitung

Nachdem die Geschichte gehört wurde, tauschen sich die Schüler mit ihrem Sitznachbarn über die Inhalte der Geschichte aus. Nach wenigen Minuten wird der Inhalt im Plenum übersetzt. Anschließend wird die Geschichte ein weiteres Mal erzählt. Dabei erhalten einige Schüler die Bildkarten zur Geschichte, die sie bei entsprechender Textstelle an die Tafel hängen. Wiederkehrende Satzstrukturen werden mitzusprechen versucht. Anschließend werden die Namen der Tiere einige Male wiederholt im Chor gesprochen, bevor das Schriftbild eingeführt wird. Für eine abwechslungsreiche Wiederholung der Tiernamen werden die Begriffe mit einer TPR-Übung gefestigt: Mit dem Auftrag *„What noise makes the dog?"* werden die Tiere mit Geräuschen wiedergegeben oder pantomimisch nachgestellt.

Partnerfindung und Kontaktaktivität

Die Schüler suchen ihre Partner nach der *Word-puzzle*-Methode (vgl.Kapitel 4.2) und setzen sich gemeinsam an einen Platz. Für den ersten Kontakt bietet es sich an, das *Guessing game* (vgl. Kapitel 4.3) zu spielen. Dies kann thematisch passend mit Tierbegriffen gespielt werden. Immer abwechselnd werden von einem Schüler Tiergeräusche vorgemacht und von dem anderen mit der Satzstruktur *„Is it a dog?"* erraten.

Arbeitsphase

In einer vorgegebenen Zeit wird in Partnerarbeit ein eigenes Büchlein zur Geschichte erstellt. Dazu erhält jedes Paar einen Satz Bildkarten mit den dazugehörigen Sätzen (KV 12 / KV 14). Diese sind allerdings nicht sortiert. Der Arbeitsauftrag lautet daher, die Geschichte in die richtige Reihenfolge zu bringen und den Bildern die richtigen Sätze zuzuordnen.

Dies erfolgt abwechselnd: Ein Schüler beginnt und liest einen Satz vor, worauf der zweite Schüler das passende Bild dazu sucht. Nachdem alle Sätze ihren Bildern zugeordnet worden sind, werden sie abschließend in die richtige Reihenfolge gebracht.

Bevor die Bilder in ein *Buddy book* (KV 24) eingeklebt werden, vergleichen die Schüler ihr Ergebnis mit dem Original, das hinter der Tafel hängt. Je nach Zeitkapazität können die Schüler ein weiteres Buch für den zweiten Partner erstellen oder das Buch für die nächste Stunde kopieren lassen.

Reflexionsphase

Mit der *Give-me-five*-Methode reflektieren die Schüler die Zusammenarbeit im Team und, wie ihnen die Geschichte gefallen hat. Wenn möglich, findet diese Phase auf Englisch statt. *„I like the story, because it is funny/nice/interesing"* oder *„I didn't like the story, because it is boring/too long/not funny" oder „...because, I like/I don't like animal stories."*

Aspekte des Kooperativen Lernens in der ersten Unterrichtseinheit

Positive Abhängigkeit

- **Ziel:** die gehörte Geschichte rekonstruieren
- **Lernmaterial:** ein *Buddy book* und die Geschichte in einfacher Form
- **Außenkraft:** Zeitvorgabe
- **Lernumgebung:** Die Schüler sitzen an einem Tisch zusammen.

Direkte Interaktion

Aufgrund der beschränkten Arbeitsmittel und des gemeinsamen Sitzplatzes findet eine direkte Interaktion zwischen den Schülern statt.

Tabellarischer Unterrichtsverlauf: 1. Einheit zum Thema *farm animals*

Thema: Einführung der Unterrichtsreihe *farm animals* mittels der Geschichte *Mr. Morgan's Farm*

Ziel: Die Geschichte nachvollziehen und anhand von Bildkarten reproduzieren sowie die darin vorkommenden Tiernamen aussprechen und am Schriftbild wiedererkennen.

Unterrichtsphase/Zeit	Unterrichtsgeschehen	Material
Einstieg	◆ Begrüßung ◆ Bildergeschichte *Mr. Morgans Farm* wird im Halbkreis erzählt.	◆ Bildkarten der Geschichte *Mr. Morgan's Farm*
Erarbeitung	◆ Die Schüler tauschen sich über die Inhalte der Geschichte aus. *Tell your partner, what is the story about?* ◆ Die Übersetzung der Geschichte erfolgt im Plenum. ◆ Die Geschichte wird erneut erzählt – Schüler werden aufgefordert mitzusprechen. ◆ TPR-Übung zu Tiergeräuschen, etc.	◆ Bildkarten der Geschichte *Mr. Morgan's Farm*
Partnerfindung und Kontaktaktivität	◆ Zerschnittene Wortkarten werden an die Schüler verteilt. *Find your partner with the help of your word card.* ◆ Kontaktaktivität *Guessing game*	◆ zerschnittene Wortkarten aus dem Themenbereich
Arbeitsphase	◆ Mit dem Partner wird abwechselnd ein eigenes Büchlein erstellt.	◆ Geschichte und Bildkarten (KV 12/13) ◆ *Buddy-book*-Vorlage (KV 24)
Reflexionsphase	◆ Mittels der *Give-me-five*-Methode erfolgt die Reflexion über die Zusammenarbeit und zum Inhalt der Geschichte.	

2. Unterrichtseinheit

Thema: *Let's create a new story* – handlungsorientierter Umgang mit einer Kurzgeschichte

Ziel: Das Textverständnis schulen, indem die Schüler die Nomen im Text sinngemäß verändern und die Veränderungen bei anderen Versionen erkennen.

Methode: *Meeting points* (vgl. Kapitel 4.4)

Material: die fertigen *Buddy books* der Schüler

Verlauf:

Einstieg

Nach einer ritualisierten Begrüßung sollen sich die Schüler die Bauernhofgeschichte in Erinnerung rufen, indem sie diese mit verteilten Rollen lesen. Dies erfolgt in Sechser-Gruppen. Dazu erhalten die Schüler Zahlenkarten von eins bis sechs. Die Kinder mit den Zahlen von eins bis sechs der gleichen Farbe bilden eine Gruppe. Die Zahlen verraten den Kindern, welche Sprechrolle sie zugewiesen bekommen. Sie werden an der Tafel notiert, zum Beispiel Nr. 1 = *Speaker*, Nr. 2 = *Sheep*, etc.

Die Schüler setzen sich in ihren Gruppen gemeinsam auf den Boden oder versammeln sich an einem Gruppentisch. Die Geschichte wird daraufhin in verteilten Rollen vorgelesen.

Erarbeitung

Nachdem sich die Schüler wieder in die Geschichte einfinden konnten, wird sie ein weiteres Mal von der Lehrkraft erzählt. Die Tiernamen und Fahrzeuge sowie die Adjektive werden dabei vertauscht. Die Schüler lesen parallel dazu in ihrem *Buddy book* aufmerksam mit und klopfen zweimal auf den Tisch, wenn ihnen irgendeine Unstimmigkeit in der Geschichte auffällt. Der entsprechende Satz wird anschließend korrigiert vorgelesen.

Arbeitsphase

Jeder Schüler verändert nun in Einzelarbeit seine Geschichte im *Buddy book*, indem er die veränderten Wörter mit einem Bleistift über die Originalfassung schreibt. Es sollte im Vorfeld angegeben werden, wie viele Wörter mindestens verändert werden sollen. Die Schüler üben zunächst ihre Version vorzulesen, bevor sie sich ihre Geschichten gegenseitig auf den *Meeting points* (vgl. Kapitel 4.4) vorstellen.

Reflexionsphase

Auf den *Meeting points* lesen sich die Schüler ihre veränderte Geschichten vor. Der Partner hört aufmerksam zu und vergleicht den gehörten Inhalt mit der Originalfassung. Jeder gefundene „Fehler" muss vom Zuhörer korrigiert werden. Danach wird getauscht und der zuhörende Schüler liest seine veränderte Geschichte vor. Abschließend geben sich die Schüler mündlich ein kurzes Feedback zur Aussprache beim Vorlesen: *„You have/haven't read loudly and clearly."*

Um mit mehreren Schülern in Kontakt zu kommen, suchen sich die Kinder anschließend einen neuen *Meeting point* und lesen ihre Geschichte einer weiteren Person vor.

Aspekte des Kooperativen Lernens in der zweiten Unterrichtseinheit

Positive Abhängigkeit

- **Ziel:** die Geschichte verändern und Veränderungen bei anderen feststellen
- **Lernumgebung:** Teppichfliesen, auf denen sich immer nur zwei Personen aufhalten können

Direkte Interaktion

Aufgrund der beschränkten Arbeitsmittel und des gemeinsamen Sitzplatzes findet eine direkte Interaktion zwischen den Schülern statt.

Tabellarischer Unterrichtsverlauf: 2. Einheit zum Thema *farm animals*

Thema: *Let's create a new story* – handlungsorientierter Umgang mit einer Kurzgeschichte

Ziel: Das Textverständnis schulen, indem die Schüler die Nomen im Text sinngemäß verändern und sie die Veränderungen bei anderen Versionen erkennen.

Unterrichtsphase	Unterrichtsgeschehen	Material
Einstieg	◆ Begrüßung ◆ Gruppe von sechs Schülern werden mit farbigen Zahlenkarten gebildet. Die Zahlen von eins bis sechs der gleichen Farbe bilden eine Gruppe. ◆ Die Schüler lesen die Geschichte in verteilten Rollen vor. *Read the story out loud in distributed roles!*	◆ Persönliche *Buddy books* der Schüler mit der Geschichte *Mr. Morgan's Farm* ◆ Farbige Zahlenkarten von eins bis sechs
Erarbeitung	◆ Die Lehrkraft liest die Geschichte mit vertauschten Begriffen vor. ◆ Die Schüler lesen parallel ihre Version der Geschichte und klopfen auf den Tisch, sobald sie eine Abweichung feststellen.	◆ Geschichte *Mr. Morgan's Farm*
Arbeitsphase	◆ Jeder Schüler verändert seine Geschichte. *Change the story by exchanging all the nouns, verbs and adjectives.*	◆ *Buddy books* der Schüler
Reflexionsphase	◆ Die neue Version wird einem Schüler auf einem *Meeting point* vorgelesen. *Read your new story out loud to a partner on a meeting point.* ◆ Der zuhörende Schüler korrigiert, indem er die Originalfassung vorliest. ◆ Schüler geben sich gegenseitig Feedback und setzen sich auf eine neue *Meeting-point*-Station *Give your partner feedback on how he has read!*	◆ Teppichfliesen ◆ eigene Geschichte

3. Unterrichtseinheit

Thema: *Let's help Mr. Morgan*: Wir entwickeln einen neuen Bauernhof für Mr. Morgan und lernen auf diese Weise neue Tiernamen kennen.

Ziel: Weitere Bauernhoftiere auf Englisch kennenlernen und diese in ein Bauernhofbild integrieren und vorstellen.

Methode: Mit Hilfe der *Find-pair*-Methode (vgl. Kapitel 4.2) werden nach dem Zufallsprinzip Paare zusammengestellt. Ein kurzes Interview mit dem neuen Partner wird als Kontaktaktivität eingesetzt. Die Arbeitsphase erfolgt in Form einer dem Pair check ähnelnden Methode.

Material: ein A3-Blatt sowie ein Wörterbuch pro Schülerpaar, Lerntagebuch

Verlauf:

Einstieg

Nach einer ritualisierten Begrüßung nennen die Schüler ihrem Sitznachbarn alle bekannten Tiernamen, die sie in den letzten Stunden kennengelernt haben. An der Tafel hängen als Hilfestellung die entsprechenden Bildkarten.

Erarbeitung

Der Schluss der Geschichte wird aufgegriffen. Es soll nach einer Lösung für das Problem von Mr. Morgan gesucht werden. Da seine Tiere alle geflohen sind und Mr. Morgan sehr unglücklich darüber ist, wird schnell klar, dass neue Tiere auf seinen Bauernhof müssen, damit er wieder glücklich wird. Deshalb erhalten die Schüler den Auftrag einen neuen Bauernhof für Mr. Morgan zu entwickeln.

Partnerfindung und Kontaktaktivität

Jeder Schüler erhält eine Wortkarte mit einem bekannten Tier. Mit der *Find-pair*-Methode (vgl. Kapitel 4.2) suchen sich alle ihren Partner. Dazu fragen die Schüler auf Englisch: *„Who are you?"* oder *„What animal are you?"* – *„I am a horse"*. Als Kontaktaktivität kann ein kurzes Interview mit dem neuen Partner erfolgen. Dazu können sich die Schüler zu ihren Lieblingstieren und Fahrzeugen befragen.

Arbeitsphase

In Partnerarbeit erstellen die Schüler ihren Wunschbauernhof für Mr. Morgan. Dazu erhalten die Paare ein A3-Blatt und ein Wörterbuch. Mit den Schülern sollte der Satz *„I'd like (number)/(colour)/(animal)."* geübt werden. Zur Hilfestellung sollte diese Satzstruktur an der Tafel stehen. Mit dem Malen und Schreiben der Tiere wechseln sie sich ab. Beispielsweise sagt ein Kind: *„I'd like three green frogs"*, so dass sein Partner drei grüne Frösche malen und beschriften muss. Dabei helfen und loben sich die Schüler gegenseitig. Dann wird gewechselt und der andere Partner sucht sich ein neues Tier für die Farm aus, das er benennt und gegebenenfalls übersetzt. Die Lehrkraft sollte bei Ausspracheschwierigkeiten unterstützen.

Da es sich um eine offene Aufgabenstellung handelt, kann es vorkommen, dass nicht unbedingt typische Bauernhoftiere auf dem Plakat erscheinen. Klären Sie es im Vorfeld ab, wenn es Ihnen wichtig ist.

Ein Zeitrahmen von circa 20 Minuten sollte festgesetzt werden. Weisen Sie die Schüler darauf hin, nicht zu viel Zeit mit dem genauen Zeichnen der Tiere zu verlieren.

Reflexionsphase

Die Präsentation der neuen Bauernhöfe erfolgt durch eine Gallery tour (vgl. Kapitel 4.4). Damit sich die Paare nicht teilen müssen, stellt zunächst die Hälfte der Klasse ihre Bauernhöfe vor, wobei die anderen Schüler sich verschiedene Präsentationen anhören können. Anschließend wird getauscht. Die Präsentationen erfolgen mit der folgenden Satzstruktur *„On our farm there are three green frogs and ...“* Die zuhörenden Schüler erhalten den Auftrag, neu kennengelernte Tiernamen ins Lerntagebuch aufzuschreiben.

Abschließend werden alle neuen Tiernamen im Plenum gesammelt und im Chor gesprochen.

Aspekte des Kooperativen Lernens in der dritten Unterrichtseinheit

Positive Abhängigkeit

- **Ziel:** neue Tiere für den Bauernhof finden
- **Lernmaterial:** ein A3-Blatt und ein Wörterbuch
- **Außenkraft:** Zeitvorgabe
- **Lernumgebung:** an einem Tisch

Direkte Interaktion

Aufgrund der Arbeitsmittel und des gemeinsamen Sitzplatzes findet eine direkte Interaktion zwischen den Schülern statt. Dies ist vor allem während der Arbeits- und Reflexionsphase zu beobachten.

Tabellarischer Unterrichtsverlauf: der 3. Einheit zum Thema *farm animals*

Thema: *Let's help Mr. Morgan*: Wir entwickeln einen neuen Bauernhof für Mr. Morgan und lernen auf diese Weise neue Tiernamen kennen.

Ziel: Weitere Bauernhoftiere auf Englisch kennenlernen und diese in ein Bauernhofbild integrieren und vorstellen.

Unterrichtsphase/Zeit	Unterrichtsgeschehen	Material
Einstieg	◆ Begrüßung ◆ kurzer Austausch mit dem Sitznachbarn zu allen bereits bekannten Tiernamen: *Tell your partner all the animals that you remember.*	◆ Tier- und Fahrzeug-Bildkarten
Erarbeitung	◆ Der Schluss der Geschichte wird nochmals vorgelesen.	◆ Geschichte
Partnerfindung und Kontaktaktivität	◆ Mit der *Find-pair*-Methode finden sich die Paare. ◆ gegenseitiges Interviewen: *Find your partner with the same wordcard. Do an interview with your partner.*	◆ paarweise Wortkarten zum Thema *farm animals*
Arbeitsphase	◆ In Form der *Pair-check*-Methode wird ein Bauernhof erstellt.	◆ ein Wörterbuch und ein A3-Blatt pro Schülerpaar
Reflexionsphase	◆ In Form einer *Gallery-tour* werden die erstellten Bauernhofbilder vorgestellt. ◆ Die zuhörenden Schüler notieren sich neu gelernte Wörter ins Lerntagebuch. ◆ Im Plenum werden alle neuen Wörter nochmals aufgegriffen und wiederholt gesprochen.	◆ fertige Bauernhofbilder ◆ Lerntagebuch

4. Unterrichtseinheit

Thema: Ein Rätsel zu den selbstgemalten Bauernhöfen erstellen, präsentieren und erraten.

Ziel: Mit der bereits bekannten Satzstruktur *„On the farm, there are two brown dogs and..."* ein fremdes Bauernhofbild in einem Partnerdialog beschreiben bzw. ein beschriebenes Bild erkennen. Dabei Tiernamen, Zahlen und Farben sowie die Singular- und Pluralbildung in einem sinnvollen Zusammenhang anwenden.

Methode: *Meeting points* (vgl. Kapitel 4.4), Lerntagebuch

Material: Bilder der fertig gestellten Bauernhöfe, Lerntagebuch

Verlauf:

Einstieg

Die Schüler begrüßen sich gegenseitig und spielen zum Einstieg *Catch the ball* (vgl. Kapitel 4.3). Dabei wiederholen sie die Tiernamen in Kleingruppen von maximal vier Personen.

Erarbeitung

Die Bauernhofbilder werden an die Tafel gehängt und mit Zahlen versehen. Anschließend bekommt jeder Schüler über eine Zahl geheim ein Bild zugewiesen. Dieses Bild wird mit der bekannten Satzstruktur *„On the farm, there are two brown dogs and ..."* schriftlich beschrieben. Die Satzstruktur wird dazu an die Tafel geschrieben. Abschließend werden die entstandenen Rätsel auf *Meeting points* vorgestellt. Vorher werden einige Rätsel exemplarisch im Plenum präsentiert.

Bevor die Schüler mit ihrer Arbeit beginnen, werden zwei Reflexionskriterien festgehalten, über die nach der Präsentationen gesprochen wird.

- Hast du laut und deutlich vorgelesen? *Have you read loudly and clearly?*
- Hat mir deine Beschreibung geholfen, das richtige Bild zu finden? *Has your description helped me to find the right farm?*

Arbeitsphase

Die Schüler erhalten einen zeitlichen Rahmen, in dem sie ihre Rätsel aufschreiben sollen. Schüler, die ihre Beschreibung fertig gestellt haben, stellen ihr Rätsel an *Meeting points* vor. Diese sind in der Nähe der Tafel platziert.

Die Schüler lesen sich ihre Beschreibungen gegenseitig vor und versuchen, anhand der Aufzählungen das richtige Bauernhofbild zu ermitteln. Anschließend setzen sich die Schüler auf eine neue Teppichfliese und stellen einem weiteren Kind ihr Rätsel vor.

Reflexionsphase

Bevor sich die Schüler einen neuen Dialogpartner suchen, tauschen sie sich über die genannten Leitfragen mündlich aus. Nachdem sie ihr Rätsel mehrere Male vorgestellt haben, erfolgt eine persönliche Reflexion zu den gestellten Leitfragen im Lerntagebuch. Abschließend wird den Schülern erzählt, dass die neuen Bauernhofvorschläge zu Mr. Morgan geschickt werden und er sich sicherlich über die Unterstützung freuen wird.

Aspekte des Kooperativen Lernens in der vierten Unterrichtseinheit

Positive Abhängigkeit

- **Ziel:** ein Bauernhofbild in Form eines Rätsels beschreiben
- **Lernmaterial:** Satzstrukturen, die an die Tafel geschrieben werden
- **Außenkraft:** Zeitvorgabe
- **Lernumgebung:** am eigenen Tisch und auf Teppichfliesen als *Meeting points*

Direkte Interaktion

Neben der Aufgabe, ein Rätsel zu stellen und zu beantworten, unterstützt die *face-to-face*-Situation an den *Meeting points* die direkte Interaktion zwischen den Schülern.

Tabellarischer Unterrichtsverlauf: der 4. Einheit zum Thema *farm animals*

Thema: Ein Rätsel zu den selbstgemalten Bauernhöfen erstellen, präsentieren und erraten.

Ziel: Mit der bereits bekannten Satzstruktur „*On the farm, there are two brown dogs and...*“ ein fremdes Bauernhofbild in einem Partnerdialog beschreiben bzw. ein beschriebenes Bild erkennen. Dabei Tiernamen, Zahlen und Farben sowie die Singular- und Pluralbildung in einem sinnvollen Zusammenhang anwenden.

Unterrichtsphase/Zeit	Unterrichtsgeschehen	Material
Einstieg	◆ Begrüßung ◆ *Catch the ball: Let's play catch the ball to start. Try to tell your partner as many English farm animals and vehicles as you can. You have five minutes time.*	◆ Ball pro Gruppe
Erarbeitung	◆ Satzstruktur „*On the farm there is/are two brown horses.*“ einführen und üben ◆ Bauernhofbilder mithilfe der Zahlen zuordnen ◆ Kriterien besprechen: Hast du laut und deutlich vorgelesen? *Have you read loud and clearly?* ◆ Hat mir deine Beschreibung geholfen den richtigen Bauernhof zu finden? *Has your description helped me to find the right farm?*	◆ Zahlenkarten für die Bauernhofbilder
Arbeitsphase	◆ Die Schüler beschreiben den zugeordneten Bauernhof in Einzelarbeit in Form eines Rätsels.	◆ Bauernhofbilder
Reflexionsphase	◆ Mittels der Meeting points wird der Dialogpartner nach dem Zufallsprinzip gefunden. ◆ Die Schüler stellen sich ihre Rätsel gegenseitig vor bzw. erraten den beschriebenen Bauernhof. ◆ Anhand der Kriterien reflektieren die Schüler mündlich die Präsentation. ◆ Abschließend schreibt jeder Schüler seine persönliche Reflexion in sein Lerntagebuch.	◆ Beschreibung der Bauernhofbilder ◆ Bauernhofbilder ◆ Lerntagebuch

5. Unterrichtseinheit

Thema: *What can your animal do?* Wir wiederholen das neue Vokabular und erarbeiten passende Verben und Adjektive, die zu unseren Bauernhoftieren passen.

Ziel: Die bereits gelernten Tiernamen wiederholen, in schriftlicher Form festigen und passende Verben lernen.

Methode: *Birthday-calendar*-Methode (vgl. Kapitel 4.1), *Speech contest* (vgl. Kapitel 4.2), *Placemat* (vgl. Kapitel 4.3), die Reflexion wird über das Reflexionsnetz (vgl. Kapitel 4.5) evaluiert.

Material: *Placemat*-Vorlage (S. 169/170), Wörterbücher, Reflexionsnetz (KV 25)

Verlauf:

Einstieg

Nach der Begrüßung wird der Ablauf der Stunde mit Hilfe von Symbolkarten erläutert.

Gruppenfindung und Kontaktaktivität

Die Schüler finden mithilfe der *Birthday-calendar*-Methode (vgl. Kapitel 4.1) ihre Vierergruppe und setzen sich gemeinsam an einen Tisch. Als Kontaktaktivität erfolgt ein *Speech contest* (vgl. Kapitel 4.2) unter den Schülern.

Erarbeitung

Die Gruppen erhalten eine Placemat-Vorlage. In einer begrenzten Zeit von circa 15 Minuten schreibt jeder Schüler alle Tiernamen in seinem Feld auf, die er in den letzten Stunden kennengelernt hat. Zu jedem Tiernamen werden ein passendes Verb sowie eine Farbe gefunden. Da die Verben möglichst abwechslungsreich sein sollten, können diese mit Hilfe eines Wörterbuchs nachgeschlagen werden.

Bevor innerhalb der Gruppen die gesammelten Nomen, Verben und Adjektive vorgetragen werden, wird mit den Schülern folgende Satzstruktur geübt: *„The white sheep is eating"*. Dazu wird die Struktur auch an der Tafel notiert. Mit der gesammten Lerngruppe werden mehrere Beispiele gesammelt. Die Schüler sollen die *Present-progressive*-Form, die Verlaufsform der Gegenwart, kennenlernen. Um zu überprüfen, ob die einzelnen Gruppen mit dem Arbeitsauftrag zurechtkommen, nennt je nach Absprache jede Tischgruppe einen Beispielsatz. Den Schülern werden zwei Leitfragen an die Tafel geschrieben:

- *How was the atmosphere in your group?*
- *What have we done to help each other?*

Die erste Frage wird über das Reflexionsnetz (vgl. Kapitel 4.5) evaluiert und die zweite Frage mündlich im Plenum.

Arbeitsphase

Reihum stellen die Schüler ihre Nomen und Verben in der vorgegebenen Satzstruktur vor. Sollte ein Schüler ein Verb nennen, dass der Gruppe nicht bekannt ist, muss er es pantomimisch darstellen. Auf diese Weise haben die anderen Schüler die Möglichkeit, das neue Verb zu erraten und es dazuzulernen.

Reflexionsphase

Die Schüler reflektieren mit dem Reflexionsnetz die Zusammenarbeit innerhalb der Gruppe. Dazu kleben sie ihren Klebepunkt an die entsprechende Stelle im Netz. In einem kurzen Plenumsgespräch soll jede Gruppe berichten, wie sie sich gegenseitig unterstützt und geholfen hat.

Aspekte des Kooperativen Lernens in der fünften Unterrichtseinheit

Positive Abhängigkeit

- **Ziel:** möglichst unterschiedliche Verben zu den Bauernhoftieren zu finden
- **Lernmaterial:** Placemat, Satzstruktur, die an die Tafel geschrieben wird
- **Außenkraft:** Zeitvorgabe
- **Lernumgebung:** Gruppentischen

Gruppenevaluation

Das Reflexionsnetz wird als Reflexionsmethode eingesetzt. Die vorgegebenen Reflexionskriterien beziehen sich in dieser Einheit auf soziale Ziele aus der Gruppenarbeitsphase.

Soziales Lernen

Im Mittelpunkt steht die Entwicklung der Kompetenzen, sich auf andere Personen einzulassen, anderen zuzuhören und voneinander zu lernen.

Direkte Interaktion

Der gemeinsame Arbeitsplatz und das Arbeitsmaterial unterstützen die Schüler dabei, miteinander zu kommunizieren.

Tabellarischer Unterrichtsverlauf: der 5. Einheit zum Thema *farm animals*

Thema: *What can your animal do?* Wir wiederholen das neue Vokabular und erarbeiten passende Verben und Adjektive, die zu unseren Bauernhoftieren passen.

Ziel: Die bereits gelernten Bauernhoftiernamen wiederholen, in schriftlicher Form festigen und passende Verben lernen.

Unterrichtsphase/Zeit	Unterrichtsgeschehen	Material
Einstieg	◆ Begrüßung ◆ Ablauf der Stunde erläutern	◆ Symbolkarten (*Placemat*/ Gruppenarbeit, Reflexionsnetz)
Gruppenfindung/ Kontaktaktivität	◆ Birthday-calendar-Methode: *Sort yourselves according to your date of birth.* ◆ *Speech contest als Kontaktaktivität: Let' s do a speech contest. Everyone in the group says a sentence like this:* (Grimasse wird gezogen und ein Satz gesprochen). *The others try to guess this sentence.*	
Arbeitsphase	◆ Jede Gruppe erhält ein *Placemat* und notiert in circa 15 Minuten alle bekannten Tiernamen. ◆ Zu jedem Nomen wird ein passendes Verb gefunden.	◆ *Placemats* ◆ Wörterbuch
Erarbeitung	◆ Die Satzstruktur zum Präsentieren der gefundenen Wörter wird an die Tafel geschrieben und mehrfach wiederholt gesprochen „*The white sheep is eating*“.	◆ Tafel ◆ *Placemats*
Präsentation	◆ Reihum stellt jeder Schüler seine Ergebnisse vor.	
Reflexionsphase	◆ Im Reflexionsnetz tragen die Gruppen ihre Einschätzung zu den Reflexionsfragen ein: *How was the atmosphere in your group?* *What have we done to help each other?*	◆ Reflexionsnetz

6. Unterrichtseinheit

Thema: Wir üben und festigen das Vokabular der letzten Stunden in mündlicher und schriftlicher Form. Ein Quiz, das am Ende der Stunde erfolgt, dient zur Überprüfung der gelernten Inhalte.

Ziel: Die geübten Vokabeln mündlich und schriftlich übersetzen können.

Methode: *Team tournament* (vgl. Kapitel 4.3), *Team quiz* (vgl. Kapitel 4.3)

Verlauf:

Einstieg

Nach einer ritualisierten Begrüßung erfolgt zum Einstieg ein kurzes pantomimisches Ratespiel. Die Schüler arbeiten dabei mit ihrem Sitznachbarn zusammen. Ein Schüler beginnt und stellt ein Tier mit einer passenden Aktion dar. Der Partner errät das Tier und benutzt dazu die Satzstruktur aus der letzten Einheit. Als Hilfestellung werden ein Durchgang im Plenum gespielt und ein Beispielsatz an der Tafel notiert. Nach circa 5 Minuten werden das Ziel der Stunde sowie eine Übersicht des Stundenablaufs dargestellt. Die Gruppen der letzten Unterrichtseinheit finden und setzen sich wieder zusammen.

Erarbeitung

Um die Nomen und die Verben der letzten Stunde in schriftlicher und mündlicher Form einzuüben, wird die *Team-tournament*-Methode (vgl. Kapitel 4.3) eingesetzt. Die Schüler arbeiten dabei zu viert zusammen. Jede Tischgruppe erhält alle behandelten Tier- und Fahrzeugnamen sowie Verben als Karteikarten mit der deutschen und englischen Bezeichnung. Sie lassen sich schnell auf dem Computer erstellen und können entweder auf ein dickes Papier kopiert oder laminiert werden. Desweiteren erhält jede Gruppe ein neues *Placemat* (S. 169/170). Es sollte betont werden, dass alle Teammitglieder die Wörter kennen und richtig schreiben lernen müssen, um am Ende beim *Team quiz* Erfolg zu haben.

Arbeitsphase

Die Karten werden gemischt und verdeckt zu einem Stapel in die Mitte des Placemats gelegt. Die erste Person im Team beginnt, nimmt die erste Karte und benennt das Wort auf Deutsch. Alle vier Schüler schreiben die Übersetzung in ihr *Placemat*-Feld. Anschließend übersetzt die zweite Person das Wort. Die dritte Person lobt oder korrigiert die Aussprache und die vierte Person überprüft mit Hilfe der Karteikarte die schriftliche Übersetzung jedes einzelnen Schülers, lobt oder korrigiert gegebenenfalls.

Ist die Wortkarte von allen richtig übersetzt und geschrieben worden, wird sie aussortiert. Hat allerdings jemand einen Fehler gemacht, kommt sie erneut in den Stapel und wird zu einem späteren Zeitpunkt wiederholt. Anschließend rotieren die Aufgaben reihum und der nächste Schüler darf eine neue Karteikarte aufdecken und benennen.

Reflexionsphase

Nach circa einer halben Stunde Übungszeit erfolgt das *Team quiz*. An der Tafel hängen für jede Tischgruppe ein A4-Blatt zum Schreiben sowie ein A5-Blatt zum Abdecken parat.

Jedem Schüler einer Gruppe wird eine Zahl zugeordnet. Die Lehrkraft nennt ein deutsches Wort oder einen Satz, das bzw. der von Schülern einer bestimmten Nummer übersetzt werden soll. Die ausgewählten Schüler laufen zur Tafel, schreiben das Wort auf ihr Blatt und decken es anschließend mit dem kleineren Blatt ab. Erst nachdem alle fertig geschrieben haben, werden die Übersetzungen kontrolliert. Für die richtige Übersetzung und Schreibweise erhält jede Gruppe jeweils einen Punkt. Die Gruppe, die zuerst 20 Punkte erreicht hat, hat das Team quiz gewonnen.

Aspekte des Kooperativen Lernens in der sechsten Unterrichtseinheit

Positive Abhängigkeit

- **Ziel:** die Nomen und Verben der Unterrichtsreihe aufschreiben können sowie das anschließende Quiz gewinnen wollen
- **Lernmaterial:** Karteikarten
- **Außenkraft:** Zeitvorgabe
- **Lernumgebung:** Gruppentisch

Gruppenevaluation

Das Ergebnis des Team quiz spiegelt den Erfolg der Zusammenarbeit während der Übungsphase wieder.

Soziales Lernen

Die Schüler müssen sich gegenseitig unterstützen, helfen und angemessen verbessern, damit alle gemeinsam das Ziel erreichen.

Direkte Interaktion

Der Sitzplatz, das Lernmaterial, das nur begrenzt vorhanden ist, sowie die Aufgabenverteilung innerhalb der Gruppe unterstützen die Kommunikation zwischen den Schülern.

Tabellarischer Unterrichtsverlauf: 6. Einheit zum Thema *farm animals*

Thema: Wir üben und festigen das Vokabular der letzten Stunden in mündlicher und schriftlicher Form. Ein Quiz, das am Ende der Stunde erfolgt, dient zur Überprüfung der gelernten Inhalte.

Ziel: Die geübten Vokabeln mündlich und schriftlich übersetzen können.

Unterrichtsphase/Zeit	Unterrichtsgeschehen	Material
Einstieg	◆ Begrüßung ◆ Pantomimespiel: *You create a pantomime play with your partner. You introduce something and your partner will try to guess what you show.*	
Erarbeitung	◆ Die Schüler setzen sich zu ihren Gruppen der letzten Unterrichtseinheit. ◆ Die Gruppen erhalten ein *Placemat* und Wortkarten. ◆ Die erste Person liest die erste Wortkarte auf deutsch vor. Alle Personen schreiben die Übersetzung in ihr *Placemat*-Feld. ◆ Die zweite Person übersetzt die Wortkarte auf Englisch. ◆ Die dritte Person lobt die 2.Person oder korrigiert. ◆ Die vierte Person kontrolliert alle schriftlichen Übersetzungen aller Gruppenmitglieder und lobt. Anschließend rotieren die Aufgaben im Team. Zum besseren Verständnis wird die Methode einmal vor dem Plenum vorgestellt.	◆ Wortkarten mit Vokabeln und Sätzen der letzten Unterrichtseinheiten ◆ *Placemat*
Arbeitsphase	◆ Die Schüler üben die Wörter und Sätze in der vorgegebenen Reihenfolge circa 30 Minuten lang.	
Reflexionsphase	◆ Im *Team quiz* erfolgt die Ergebniskontrolle. ◆ Die Gruppe, die zuerst 20 Punkte erreicht hat, hat das *Team quiz* gewonnen. *The first team that reaches 20 points wins.*	◆ Ein A4- und A5-Blatt pro Gruppe an die Tafel geheftet

7. Unterrichtseinheit

Thema: *Let's go to Mr. Morgan's Farm.* Wir folgen der Einladung von Mr. Morgan und besichtigen seine neue Farm. Wir wiederholen in einem imaginären Besuch Tiernamen und Verben und führen nach Anweisung Bewegungen (TPR-Übung) aus. Dabei werden bekannte Phrasen und Satzstrukturen wiederholt.

Ziel: Die bereits gelernten Tiernamen sowie die zugehörigen Verben und Farben der verschiedenen Tiere wiederholen und festigen. Die neu gelernten Phrasen in einem sinnvollen Kontext anwenden und in einem Dialog einsetzen.

Methode: *Meeting points* (vgl. Kapitel 4.5)

Material: ein Rätsel (KV 15) pro Schüler

Verlauf:

Vorarbeit

In der Klasse werden verschiedene Bauernhoftiere als Bildkarten verteilt aufgehängt. Einige Tiere sind mehrfach vorhanden. Ein Teich aus blauem Stoff oder auch Stofftiere sollen den Bauernhof lebendiger wirken lassen. Im Namen von Mr. Morgan schreibt man als Lehrkraft einen Einladungsbrief an die Kinder.

Einstieg

Nachdem sich die Schüler begrüßt haben, wird ein Brief von Mr. Morgan auf dem Lehrerpult entdeckt. Darin bedankt sich Mr. Morgan für die Unterstützung und lädt sie auf seinen neuen Bauernhof ein.

Im Plenum wird überlegt, was wir für unseren kurzen Trip alles mitnehmen möchten, und wir packen alle Gegenstände *(a drink, a sandwitch, a camera…)* in unseren imaginären Rucksack. Dies erfolgt pantomimisch.

Erarbeitung

Nachdem alles „verpackt" wurde, singen wir das Lied *We are going to the farm today* (KV 15). Das Lied wird einige Male vorgesungen, bis die Schüler es mitsingen können. Dabei geht die Lehrkraft in der Klasse umher und holt die Kinder einzeln von ihren Plätzen ab.

Nach einigen Runden durch den Klassenraum kommen die Schüler auf dem Bauernhof an. Im Eingang liegt ein weiterer Brief für uns. Dort steht: *„Excuse me, I briefly had to leave. Have a look at my new farm. Your sincerly Mr. Morgan"*

Die Schüler haben die Wahl, welche Tiere sie zuerst sehen möchten. Die Lehrkraft fragt: *„What animal do you like to see first?"* Nachdem die Schüler geantwortet haben, wird eine erste TPR-Anweisung gegeben, wie die Schüler zu dem Gehege gehen sollen: *„Let's jump/ run/stamp/... to the..."*

Am Gehege angekommen antworten die Schüler auf Fragen der Lehrkraft. Diese stehen nummeriert auf einem Plakat oder an der Tafel:

1. *How many animals can you see?*
2. *What colour has the animal?*
3. *What can the animal do? Can you show me what the animal does?* (Schüler stellen die benannte Aktion nach)
4. *Do you like the animal?* (Antwort: *„Yes, I do/No I don't like it. I like..."*)

Nachdem auf diese Art mehrere Tiere besucht wurden, setzen sich die Schüler in einen Kreis. *Let's sit down, eat and drink something.*

Nachdem sich die Schüler mit Antworten zu den Fragen *„Which animals do you like? How did you like Mr. Morgans new farm? What animals have you missed?"* zum Bauernhof und zu den Tieren geäußert haben, folgt die Arbeitsphase.

Arbeitsphase

Jeder Schüler erhält das Arbeitsblatt (KV 15), auf dem seine Lieblingstiere mit den passenden Verben in Form eines Rätsels aufgeschrieben werden soll. Dies erfolgt in Einzelarbeit. Um die Selbständigkeit der Schüler zu fördern, werden drei Helferkinder ernannt, die bei Unsicherheiten gefragt werden können. Außerdem stehen den Schülern für die englische Schreibweise Wörterbücher zur Verfügung.

Reflexionsphase

Die Präsentation der Tierrätsel findet auf Meeting points statt. Da die Schüler drei verschiedene Rätsel aufgeschrieben haben, wechseln sie für jedes Rätsel den Gesprächspartner. Dies erfolgt durch den Wechsel der *Meeting points*.

Aspekte des Kooperativen Lernens in der siebten Unterrichtseinheit

Positive Abhängigkeit

- **Ziel:** den Bauernhof „besuchen" und ein Rätsel erstellen
- **Lernmaterial:** vorbereiteter Klassenraum, Arbeitsblatt
- **Außenkraft:** Zeitvorgabe für Erarbeitung des Rätsels
- **Lernumgebung:** *Meeting points*

Direkte Interaktion

Die *Meeting points* als Präsentationsort unterstützen die Kommunikation zwischen den Schülern.

Tabellarischer Unterrichtsverlauf: 7. Einheit zum Thema *farm animals*

Thema: *Let's go to Mr. Morgan's Farm*. Wir folgen der Einladung von Mr. Morgan und besichtigen seine neue Farm. Wir wiederholen bei einem imaginären Besuch Tiernamen und Verben und führen über Anweisungen Bewegungen (TPR-Übung) aus. Dabei werden bekannte Phrasen und Satzstrukturen wiederholt.

Ziel: Die bereits gelernten Tiernamen sowie die zugehörigen Verben und Farben der verschiedenen Tiere wiederholen und festigen. Die neu gelernten Phrasen in einem sinnvollen Kontext anwenden und in einem Dialog einsetzten.

Unterrichtsphase/Zeit	Unterrichtsgeschehen	Material
Einstieg	◆ Begrüßung ◆ Der Brief von Mr. Morgan wird vorgelesen. ◆ Imaginär wird ein Rucksack für den Ausflug gepackt. ◆ Das Lied *We are going to a farm today* wird gesungen.	◆ Brief von Mr. Morgan
Erarbeitung	◆ Die Schüler kommen in einem imaginären Bauernhof im Klassenraum an. ◆ Die Notiz von Mr. Morgan wird vorgelesen. ◆ Alle Tiere werden bei Mr. Morgan betrachtet. ◆ Folgende Fragen werden von den Schülern gestellt und beantwortet bzw. nachgestellt: 1. *How many animals can you see?* 2. *What color is the animal?* 3. *What does the animal do? Can you show me what the animal does?* (Schüler stellen die benannte Aktion nach) 4. *Do you like the animal?* (Antwort: *"Yes, I do/No, I don't like it. I like ..."*)	◆ Bildkarten der Bauernhoftiere, die im Raum verteilt aufgestellt werden ◆ Notiz von Mr. Morgan
Arbeitsphase	◆ Die Schüler erhalten im Sitzkreis die Arbeitsanweisung, ein Rätsel zu ihren Lieblingstieren zu erstellen. *You write a description of your favorite farm animal and read it to a partner on a meeting point. Your partner must guess your favourite farm animal.*	◆ Arbeitsblatt (KV 15) ◆ Wörterbuch
Reflexionsphase	◆ Auf *Meeting points* stellen die Schüler ihre Rätsel vor.	◆ Teppichfliesen ◆ fertiges Arbeitsblatt

KV 12: Bildkarten zur Geschichte *Mr. Morgans's farm*,
aus: Farm animals (Westermann Verlag)

KV 13: Story *Mr. Morgan's farm*

Mr. Morgan has a small farm. It is called Morgans farm.

Mr. Morgan was a happy farmer, because he had a white chicken, a brown cow, a black sheep, a strong horse, a small dog and a pig.

He liked his chicken because it gave him an egg every morning.

He liked his cow because it gave him a cup of milk every day.

He liked his sheep because it gave him wool for his pullover.

He liked his horse because it helped him on the farm.

And he liked his dog and his pig because they watched over the farm.

Mr. Morgan was a very happy farmer. But, was the sheep happy on the farm? Not at all.

The sheep wanted to see Ireland, where it was born.

So the sheep said to the farmer, "I want to go to Ireland, goodbye, Mr. Morgan."

And the cow? The cow liked the sheep. The cow said to the farmer: "I like the sheep and I miss her. I want to be with the sheep, goodbye, Mr. Morgan."

And the horse? The horse was in love with the cow. The horse said to the farmer: "I like the cow so much, I want to be with the cow, goodbye, Mr. Morgan."

And the chicken? The hen liked the horse so much. The chicken said to the farmer: "I like the horse and I want to be with the horse, goodbye, Mr. Morgan."

And the dog? The dog liked the chicken. The dog said to the farmer: "I like the hen. I want to be with the chicken, bye bye, Mr. Morgan."

Only the pig was left. Was Mr. Morgan happy now? No, not at all. Mr. Morgan was very sad. He was all alone. But Mr. Morgan had an idea. He took a piece of paper and wrote a message on it. He put the message in a bottle, closed the bottle and threw the bottle into a river.

KV 14: Sätze zur Geschichte

für das Buddy book

Mr. Morgans`s Farm

Mr. Morgan has a small farm. It is called Morgans farm.

Mr. Morgan was a happy farmer.

. Morgan was a very happy farmer.

*t, was the **sheep** happy on the m? Not at all. The sheep wanted see Ireland, where it was born.*

the sheep said to the farmer: want to go to Ireland, goodbye, . Morgan."

*And the **cow**?*

The cow liked the sheep.

The cow said to the farmer: "I like the sheep and I miss her. I want to be with the sheep, goodbye, Mr. Morgan."

*And the **horse**?*

The horse was in love with the cow.

The horse said to the farmer: "I like the cow so much, I want to be with the cow, goodbye, Mr. Morgan."

*nd the **chicken**?*

he chicken liked the horse so uch.

he chicken said to the farmer: I like the horse and I want to e with the horse, goodbye, Ir. Morgan."

*And the **dog**?*

The dog liked the chicken.

The dog said to the farmer: "I like the chicken. I want to be with the chicken, bye bye, Mr Morgan."

*Only the **pig** was left. Was Mr. Morgan happy now? No, not at all. Mr. Morgan was very sad. He was all alone.*

But Mr. Morgan had an idea. He took a piece of paper and wrote a message on it. He put the message in a bottle, closed the bottle and threw the bottle into a river.

KV 15: Rätsel für die 7. Unterrichtseinheit

What animal is it?

*It is **black and white***

*It is **tall***

*What is it? **It is a cow***

1. *It is* ______________________

   It is ______________________

   What is it? ______________________

2. *It is* ______________________

   It is ______________________

   What is it? ______________________

KV 16: Lied *We are going to the farm today*

nach der Melodie „Von den blauen Bergen kommen wir"

We are going to the farm today

We are going to the farm today.

To see all the animals.

Cows and pigs and chicken.

we are going to the farm today.

5.5 Unterrichtseinheiten für das dritte und vierte Schuljahr

Fairy tales – Jack and the beanstalk. Handlungsorientierter Umgang mit einem Märchen. Lesen, verstehen und szenisch darbieten

Die hier beschriebene Unterrichtsreihe ist dem Erfahrungsfeld „Auf den Flügeln der Fantasie – fairy tales“ zuzuordnen. So entsprechen auch die Redemittel, die sich die Schüler während der Reihe aneignen, diesem Erfahrungsfeld. Eine Anwendung dieser Redemittel erfolgt in Form eines Theaterstücks, welches zu einer Abschlussfeier vorgeführt werden kann. Für Schüler ist dies sehr motivierend und sie erleben Sprachenlernen auf eine neue darstellerische Weise. Da im Englischunterricht der Grundschule die kommunikativen Fähigkeiten und Fertigkeiten eine sehr große Beachtung finden sollen, kommt das Theaterspielen dieser Forderungen sehr entgegen.

Da die einzelnen Theaterrollen unterschiedliche Redeanteile aufweisen, kann nach dem Leistungsniveau der Schüler differenziert werden. Somit wird gewährleistet, dass die Schüler weder über- noch unterfordert werden und jedes Kind einen Beitrag zum Theaterstück leisten kann. Die Unterrichtsreihe ist in sieben Einheiten gegliedert. Eine Unterrichtseinheit entspricht nicht zwingend einer üblichen 45-Minuten-Unterrichtsstunde. Dies hängt vor allem auch von der jeweiligen Lerngruppe ab.

Lernziele der Unterrichtsreihe

Lernziele im Bereich der Sachkompetenz

Die Schüler....

- erweitern ihren Wortschatz aus dem Erfahrungsfeld *Fairy tales*.
- trainieren die englische Aussprache.
- trainieren ihre rezeptiven und produktiven Sprachfähigkeiten.
- erweitern ihre Lesefähigkeit und ihr Leseverständnis.

Lernziele im Bereich der Sozialkompetenz

Die Schüler...

- sammeln während der Gruppenarbeit Erfahrungen im kooperativen Arbeiten: sie unterstützen, korrigieren und loben sich gegenseitig.
- schulen sich im aktiven Zuhören.
- lernen, sich auf wechselnde Arbeitspartner einzulassen.
- üben sich darin, Regeln einzuhalten.

Lernziele im Bereich der Methodenkompetenz

Die Schüler wenden...

- die *Mind-map-* und die *Placemat*-Methode als mögliche Techniken an, um das eigene Vorwissen zu aktivieren.
- verschiedene Vokabellerntechniken an.
- die *Team-tournament*-Methode an, um die Arbeitsteilung innerhalb einer Gruppe zu strukturieren.
- unterschiedliche Reflexionsmethoden an, um eigene Lernerfolge einzuschätzen sowie über das eigene Verhalten nachzudenken und zu sprechen.

Zur Geschichte

Das Märchen *Jack and the beanstalk* handelt von einem Jungen namens Jack und seiner Mutter, die kein Geld haben. Deshalb beschließt die Mutter eines Tages, die Kuh zu verkaufen. Jack, der die Kuh zum Markt bringt, trifft unterwegs einen alten Mann, der die Kuh gegen fünf Bohnen eintauschen möchte. Obwohl Jack zunächst zögert, geht er auf den Handel ein. Seine Mutter ist ziemlich wütend, weil Jack nur mit fünf Bohnen nach Hause kommt und schmeißt diese aus dem Fenster. Am nächsten Morgen sind aus den fünf Bohnen riesige Bohnenstangen gewachsen. Als Jack sie erblickt, klettert er sofort hinauf. Oben angekommen entdeckt er ein Schloss mit einer Küche, in der ein Apfelkuchen steht. Jack setzt sich und beginnt, den Apfelkuchen zu essen. Kurze Zeit später hört er ein Gerumpel und sieht, dass sich ihm Riesen nähern. Er versteckt sich schnell unter einem Tisch. Während sich die Riesen ihrem Frühstück widmen, flieht Jack schnell nach Hause. Am nächsten Tag klettert er erneut die Bohnenstangen hinauf und erblickt wieder ein Schloss, eine Küche und einen Kirschkuchen. Er setzt sich und isst davon, bis er ein weiteres Mal die Riesen kommen hört. Jack versteckt sich diesmal unter einem Stuhl. Nachdem die Riesen mit ihrem Frühstück begonnen haben, flieht Jack zurück nach Hause. Auch am dritten Tag klettert Jack die Bohnenstangen hinauf. Er erblickt ein Schloss und eine Küche mit einem Bananenkuchen. Jack setzt sich hin und isst, bis er die Riesen hört. Er versteckt sich schnell hinter einer Box und beobachtet einen Riesen mit seiner Frau. Der Riesenmann will nicht gewöhnlich sein Frühstück essen, sondern stattdessen sein Gold zählen. Während er es zählt, fällt er in einen tiefen Schlaf. Jack ergreift seine Chance, nimmt den Beutel mit dem Gold und rennt weg. Der Riese erwacht, als er eine Goldmünze fallen hrt und läuft Jack hinterher. Dieser ist allerdings schneller und fällt den Bohnenstock mit Hilfe einer Axt. Der Riese, der sich noch auf der Bohnenstange befindet, fällt auf die Erde und ist tot. Jack, der das Gold noch bei sich hat, muss nie wieder mit seiner Mutter Hunger leiden.

Das Märchen bietet sich aus folgenden Gründen zur Behandlung im Unterricht an:

- Es ist ein kürzeres, leichtes und vor allem weniger bekanntes Märchen der Brüder Grimm.
- Durch die große Zahl an Charakteren bietet es sich für ein Rollenspiel an.
- Der Inhalt des Märchens bietet Möglichkeiten, fächerübergreifend mit dem Sachunterricht zu arbeiten. Hier könnte man zur gleichen Zeit Bohnen thematisieren.

1. Unterrichtseinheit

Thema: Einführung der Unterrichtsreihe Fairy tales mit dem Märchen *Jack and the beanstalk*. Das Vorwissen der Kinder zum Thema Märchen wird aktiviert und Schlüsselbegriffe der Geschichte werden gefestigt.

Ziel: Wichtige Merkmale eines Märchens kennen und die Kernvokabeln der Geschichte verstehen lernen. Der didaktische Schwerpunkt der Stunde ist auf das Aktivieren des Vorwissens konzentriert.

Methode: Die Gruppenfindung erfolgt mittels der *Quartett*-Methode (vgl. Kapitel 4.1). Für die Umsetzung des Unterrichtsziels wird die *Placemat*-Methode (vgl. Kapitel 4.3) eingesetzt. Sie beinhaltet eine wichtige Phase der Einzelarbeit, um sich mit dem neuen Thema auseinander zu setzten, und eine Phase des gemeinschaftlichen Austauschs, um das eigene aktive Wissen einzubringen und sich zu ergänzen. Abschließend erfolgt die Reflexion mithilfe des Gruppenbarometers (vgl. Kapitel 4.5).

Material: *Quartettspiel* (KV 19), *Placemat* in A3 pro Gruppe (S. 169/170), Gruppenbarometer in A3 (KV 26), eine farbige Wäscheklammer pro Gruppe

Verlauf:

Einstieg

Nach einem Begrüßungsritual wird der Stundenverlauf mit Symbolkarten an der Tafel dargestellt. Die Symbolkarten stellen die einzelnen Methoden, die während der Einheit vorkommen, dar. In dieser Einheit sind dies: die *Quartett*-Methode, *Team-tournament*-Methode und das Gruppenbarometer.

Gruppenfindung und Kontaktaktivität

Die Aktivierung des Vorwissens über Märchen erfolgt in Vierer-Gruppen, mit Hilfe der *Placemat*-Methode (vgl. Kapitel 4.3). Die Gruppen werden durch die *Quartett*-Methode zusammengestellt (vgl. Kapitel 4.1). Die Schüler fragen: *„Who are you?"* und antworten mit *„I'm Jack"* Als Kontaktaktivität erzählt jeder Schüler mit dem Satz *„My favourite fairy tale is Little Red Ridinghood."* oder *„I like the fairy tale Little Red Ridinghood, and you?"* seiner Gruppe, welches sein Lieblingsmärchen ist. Mehrfachnennungen können im Plenum kurz angesprochen werden. Kennen die Kinder den Namen ihres Lieblingsmärchens nicht auf Englisch, nennen sie ihn auf Deutsch.

Arbeitsphase

Jeder Schüler notiert alle Informationen, die er zu dem Themenbereich *„fairy tales"* kennt, in Einzelarbeit möglichst auf Englisch in seinem *Placemat*-Bereich. Ein Wörterbuch kann den Schülern als unterstützendes Hilfsmittel zur Seite stehen.

Nach circa 10 Minuten erfolgt der Austausch innerhalb der Gruppe. Jeder Schüler stellt seinen Gruppenmitgliedern seine Notizen vor und erklärt diese gegebenenfalls. Die genannten Begriffe werden von einem Schüler (dem Schreiber) in die Mitte des *Placemats* geschrieben. Allerdings wird jeder Begriff bei Mehrfachnennungen nur einmalig notiert.

Reflexionsphase

Bevor die Schüler ihre gefundenen Wörter präsentieren, erfolgt eine kurze Reflexion darüber, wie die Zusammenarbeit in der Gruppe funktioniert hat. Dies kann mit dem Gruppenbarometer erfolgen (vgl. Kapitel 4.5)

Im Plenum werden die gefundenen Wörter in Form einer *Mind map* an der Tafel zusammengetragen. Die Gruppe mit den meisten Begriffen beginnt und trägt vier ihrer gefundenen Wörter vor. Anschließend ergänzen die anderen Gruppen reihum die Mind map mit ihren Begriffen. Die Wörter werden alle mündlich wiederholt. Am Ende der Reihe können die fehlenden Schlüsselbegriffe aus der Geschichte *Jack and the beanstalk* in die *Mind map* integriert werden. Die Schüler sehen auf diese Weise, wie viele Wörter sie während der Reihe dazu gelernt haben.

Aspekte des Kooperativen Lernens in der ersten Unterrichtseinheit

Positive Abhängigkeit

- **Ziel:** in der Gruppe möglichst viele Wörter zum Thema *fairy tales* finden
- **Lernmaterial:** ein *Placemat* pro Gruppe
- **Rollen:** Schreiber, Zeitmanager, Gruppensprecher
- **Außenkraft:** Zeitvorgabe
- **Lernumgebung:** Die Erarbeitung findet an Gruppentischen statt.

Gruppenevaluation

Das Gruppenbarometer wird als Reflexionsmethode eingesetzt. Die vorgegebenen Reflexionskriterien beziehen sich auf soziale Ziele aus der Gruppenarbeitsphase. Beim Austausch im Plenum werden die Inhalte der einzelnen Gruppen reflektiert.

Soziales Lernen

Sich auf neue Personen einzulassen und den Ideen von anderen zuzuhören, sich gegenseitig zu unterstützen und zu ermutigen – diese Kompetenzen stehen in dieser Stunde im Mittelpunkt.

Direkte Interaktion

Die *Placemat*-Methode sowie der Sitzplatz verhelfen dazu, dass die Schüler in direkte Interaktion treten.

Tabellarischer Unterrichtsverlauf: 1. Einheit zum Thema *Jack and the beanstalk*

Thema: Einführung der Unterrichtsreihe Fairy tales mit dem Märchen *Jack and the beanstalk*. Das Vorwissen der Kinder zum Thema Märchen wird aktiviert und Schlüsselbegriffe der Geschichte werden gefestigt.

Ziel: Wichtige Merkmale eines Märchens kennen und die Kernvokabeln der Geschichte verstehen lernen. Der didaktische Schwerpunkt der Stunde ist auf das Aktivieren des Vorwissens konzentriert.

Unterrichtsphase/Zeit	**Unterrichtsgeschehen**	**Material**
Einstieg	◆ Begrüßung ◆ Ablauf der Stunde erläutern: *Today we'll talk about fairy tales. Create groups of four pupils. Each of you gets one picture card. Try to find three other matching cards. You can ask: "Who are you?" and answer: "I am Jack." If you find Jack's mother, giant's wife and the giant for example, you are a matching group.*	◆ Symbolkarten für den Ablauf (Gruppenarbeit, *Placemat*-Methode, *Give-me-five*-Methode)
Gruppenbildung und Kontaktaktivität, ca. 5 bis 10 Minuten	◆ Die Quartett-Bilder werden verteilt und die Schüler finden sich in ihren Gruppen ein. ◆ Austausch über Lieblingsmärchen in der Gruppe	◆ Quartett-Bilder
Arbeitsphase, ca. 20 Minuten	◆ In den ersten zehn Minuten arbeitet jeder Schüler in Einzelarbeit und schreibt alle bekannten Begriffe zum Thema *Fairy tales* auf. *Please write all the words you know about the subject fairy tales in your Placemat. You have ten minutes time. Afterwards, tell your group the words you have found. One person writes the words in a single form in the middle of your Placemat*	◆ Ein *Placemat* pro Gruppe

	◆ In den übrigen zehn Minuten tauschen sich die Schüler untereinander aus. ◆ Der Schreiber schreibt alle Wörter in einfacher Form in die Mitte.	
Reflexionsphase	◆ Die Gruppe mit den meisten Wörtern trägt ihre Begriffe vor. ◆ Diese werden auf einer Mind map an der Tafel notiert. ◆ Die anderen Gruppen ergänzen die Mind map mit ihren Begriffen. ◆ Im Chor werden die neuen Wörter wiederholt. ◆ Mit der *Give-me-five*-Methode wird die Zusammenarbeit in der Gruppe reflektiert. *How have you worked together?*	

2. Unterrichtseinheit

Thema: Das Rollenspiel *Jack and the beanstalk* wird gelesen und auf aussprachliche Besonderheiten hin untersucht. Aufpassstellen werden markiert.

Ziel: Das Sprachbewusstsein entwickeln und die Unterschiede im phonetischen System verdeutlichen sowie die Aussprache verbessern.

Methoden: Der methodische Ablauf dieser Einheit besteht aus einer Teamarbeitsphase und einer frontal geführten Phase. Die sozialen sowie die fachlichen Ziele des Unterrichts werden am Ende mit Hilfe der Reflexionstabelle reflektiert.

Material: Theatertext *Jack and the beanstalk* pro Schüler (KV 17), Reflexionstabelle in A3 (KV 18)

Verlauf:

Einstieg

Nachdem sich die Schüler begrüßt haben, wird die Ziel- und Ablauftransparenz visuell mit Hilfe von Symbolkarten an der Tafel dargestellt.

1. Arbeitsphase

Jeder Schüler erhält einen Theatertext. Mit dem Sitznachbarn lesen sich die Schüler den unbekannten Text einmal durch. Dabei können die Sätze abwechselnd vorgelesen werden. Unklarheiten in Aussprache oder Verständnis werden in Partnerarbeit besprochen. Was in Bezug auf die Aussprache nicht geklärt werden kann, wird gelb unterstrichen. Verständnisschwierigkeiten werden rot unterstrichen.

Reflexionsphase

Nach der gemeinsamen Arbeitsphase diskutieren die Schüler darüber, wie die Zusammenarbeit während der Partnerarbeit funktioniert hat und ob der Text als eher schwierig oder als leicht zu lesender Text empfunden wurde. In der nächsten Stunde können daraufhin leistungsheterogene Gruppen gebildet werden, die den Text nochmals in der Gruppe üben.

2. Arbeitsphase

Nach dem ersten Erlesen des Theatertextes erfolgt ein kurzer Austausch im Plenum. Die Lehrkraft liest den Text vor und die Schüler vergleichen die Aussprache mit ihrer eigenen. Im Chor wird die richtige Intonation und Aussprache jedes Satzes geübt. Wörter oder Sätze, die in der Aussprache schwierig zu behalten sind, können phonetisch übersetzt aufgeschrieben werden.

Aspekte des Kooperativen Lernens in der zweiten Unterrichtseinheit

Positive Abhängigkeit

- **Ziel:** möglichst viele Sätze und Wörter selbständig zu lesen und verstehen
- **Lernmaterial:** ein Theatertext
- **Rollen:** beim Lesen wechseln sich die Paare ab
- **Außenkraft:** Zeitvorgabe
- **Lernumgebung:** Die Schüler sitzen an einem Tisch nebeneinander.

Soziales Lernen

Die Schüler unterstützen und helfen sich gegenseitig und profitieren vom Wissen der anderen.

Direkte Interaktion

Durch die Arbeitsmethode und den gemeinsamen Sitzplatz sind die Schüler in ständiger Kommunikation.

Tabellarischer Unterrichtsverlauf: 2. Einheit zum Thema *Jack and the beanstalk*

Thema: Das Rollenspiel Jack and the beanstalk wird gelesen und auf aussprachliche Besonderheiten hin untersucht. Aufpassstellen werden markiert.

Ziel: Das Sprachbewusstsein entwickeln und die Unterschiede im phonetischen System verdeutlichen sowie die Aussprache verbessern.

Unterrichtsphase/Zeit	Unterrichtsgeschehen	Material
Einstieg	◆ Begrüßung ◆ Ablauf der Stunde erläutern	◆ Symbolkarte für den Ablauf (Partnerarbeit, Gruppenarbeit)
1. Arbeitsphase	◆ Die Schüler lesen sich das Theaterstück mit ihrem Sitzpartner durch und besprechen unklare Textstellen oder markieren diese. *Read your text with your partner next to you. Mark passages that are unclear for you in red and passages that are difficult for you to read in yellow.*	◆ Theatertext pro Person
2. Arbeitsphase	◆ Der Theatertext wird im Plenum vorgelesen und Unklarheiten werden besprochen. Im Chor wird die korrekte Aussprache der Sätze geübt.	
Reflexionsphase	◆ Die Schüler reflektieren die vorgegebenen Reflexionsfragen und tragen ihre Meinung in die Reflexionstabelle, die an der Tafel hängt, ein. *How did you work together? Was the text difficult for you to read?*	◆ Reflexionstabelle

3. Unterrichtseinheit

Thema: Der Text des Theaterstücks *Jack and the Beanstalk* wird in Gruppenarbeit erarbeitet geübt.

Ziel: Den Text des Märchens in verteilten Rollen vorlesen und verstehen können.

Methoden: In dieser Einheit wird hauptsächlich mit der *Team-tournament*-Methode (vgl. Kapitel 4.3) gearbeitet. Für eine leistungsheterogene Gruppenbildung wird die *Card-game*-Methode eingesetzt (vgl. Kapitel 4.1). Diese muss im Vorfeld von der Lehrkraft organisiert werden. Für die Arbeitsphase werden Gruppen mit jeweils sechs Schülern gebildet. Am Ende der Unterrichtseinheit reflektieren die Schüler mit Hilfe des Reflexionsnetzes (vgl. Kapitel 4.5).

Material: Zahlenkärtchen für die *Card-game*-Methode, Theatertext pro Schüler (KV 17), Reflexionsnetz (KV 25)

Verlauf:

Einstieg und Kontaktphase

Die Schüler erhalten zu Beginn der Unterrichtseinheit Zahlenkärtchen. Alle Schüler mit der gleichen Zahl bilden eine Gruppe. Nachdem sich die Schüler in den Gruppen gefunden haben, erfolgt eine kurze Kontaktaktivität. In dieser Stunde bietet sich ein *Speech contest* an. Jedes Kind spricht dabei einen kurzen Satz aus seinem Theatertext vor, während die anderen übersetzen müssen, was gesagt wurde.

Arbeitsphase

In der Gruppe werden reihum Zahlen verteilt, die jeweils mit einer bestimmten Arbeit für die Gruppe verbunden sind. Die verschiedenen Aufgaben werden an die Tafel geschrieben und erklärt bzw. mit Hilfe von einigen Schülern vorgeführt. Nummer 1 liest den ersten Satz im Text vor. Nummer 2 kontrolliert die Aussprache, lobt oder korrigiert gegebenenfalls. Nummer 3 übersetzt den vorgelesenen Abschnitt ins Deutsche. Nummer 4 kontrolliert die Übersetzung, lobt die Person oder ergänzt fehlende Elemente. Anschließend lesen alle Teammitglieder gemeinsam den Satz nochmals laut vor. Danach rotieren die Zahlenkärtchen, so dass jeder in der Gruppe alle Aufgabenbereiche mehrmals in der Stunde übernehmen muss. Es kommt vor, dass Schüler die Rolle des Kontrolleurs haben, aber nicht wissen, ob das Gesagte richtig ist. Während der Erklärungsphase sollte mit den Schülern über solch eine Situation gesprochen werden und gemeinsam mögliche Hilfestellungen (Wörterbuch/andere Gruppenmitglieder miteinbeziehen) überlegt werden.

Reflexionsphase

Als Reflexionsschwerpunkt kann der folgende soziale Aspekt mit dem Satz: „Wie war die Atmosphäre in eurer Gruppe?“, „Was habt ihr als Gruppe gemacht, um euch gegenseitig zu helfen?“ *“How was the atmosphere in your group? What have you done as a group to help yourself?”* für die Stunde gesetzt werden. Mit der Reflexionsnetz-Methode stellen die Gruppen ihre eigene Einschätzung zur Leitfrage dar. In einem kurzen Plenumsgespräch tauschen sich die Gruppen über die möglichen Hilfestellungen aus.

Aspekte des Kooperativen Lernens in der dritten Unterrichtseinheit

Positive Abhängigkeit

- **Ziel:** alle Textrollen kennen und lesen lernen
- **Lernmaterial:** Theatertext
- **Aufgaben:** im *Team tournament* festgelegte Aufgaben, die reihum wechseln
- **Außenkraft:** Zeitvorgabe
- **Lernumgebung:** Die Schüler sitzen an einem Gruppentisch zusammen.

Gruppenevaluation

Die Schüler sollen erkennen, dass sich die Arbeit im Team erfolgreicher erfüllen lässt, weil man sich auf diese Weise besser helfen und unterstützen kann.

Soziales Lernen

Die Schüler lernen, mit neuen Partnern in der Gruppe zu arbeiten und sich auf diese einzulassen.

Direkte Interaktion

Der Arbeitsplatz und die *Team-tournament*-Methode verhelfen zur direkten Interaktion zwischen den Schülern.

Tabellarischer Unterrichtsverlauf: 3. Einheit zum Thema *Jack and the beanstalk*

Thema: Der Text des Theaterstücks *Jack and the beanstalk* wird in Gruppenarbeit erarbeitet und zu lesen geübt.

Ziel: Den Text des Märchens in verteilten Rollen vorlesen und verstehen können.

Unterrichtsphase/Zeit	Unterrichtsgeschehen	Material
Einstieg	◆ Beim Eintreten in den Klassenraum erhalten die Schüler Zahlenkärtchen. Schüler mit der gleichen Zahl bilden eine Gruppe. ◆ Begrüßung ◆ Ablauf der Stunde erläutern ◆ *Speech contest* als Kontaktaktivität in den neuen Gruppen. *Do the speech contest with your group. Tell a sentence in a funny way, while your group tries to guess what you have said.*	◆ Zahlenkärtchen für Gruppenbildung ◆ Symbolkarten für den Ablauf (Gruppenarbeit, *Team-tournament-*Methodenkarte, *Meeting points*, *Give-me-Five-*Methode)
Arbeitsphase	◆ Zahlenkärtchen, die jeweils mit einer Rolle verbunden sind, werden an die Tischgruppen verteilt. ◆ Der Theatertext wird mit Hilfe der vorgegebenen Rollenverteilung gelesen und geübt. Eine Gruppe sollte vorweg den genauen Ablauf vor der Klasse simulieren.	◆ Zahlenkärtchen für Rollenverteilung ◆ Theatertext
Reflexionsphase	◆ Am Reflexionsnetz wird die Zusammenarbeit der Gruppe dargestellt und Tipps für die Weiterarbeit werden gegeben. *Here you see a group reflection grid. In your group think about how you have worked together as a group. Put your clothespin on the right place of the reflection grid, please.*	◆ Reflexionsnetz

4. Unterrichtseinheit

Thema: Das Theaterstück zu *Jack and the beanstalk* wird in verteilten Rollen erarbeitet und präsentiert.

Ziel: Eine szenische Darbietung des Märchens soweit vorbereiten, dass sie in verteilten Rollen vorgetragen werden kann.

Methoden: Die Schüler verbleiben weiterhin in den zuvor gebildeten Gruppen, ihren Stammgruppen. Für eine intensivere Übungsphase gehen die Schüler später in Expertengruppen, diese werden von Schülern mit gleichen Sprechrollen gebildet. In den Gruppen wird hauptsächlich mit der *Team-tournament*-Methode gearbeitet, die den Schülern bereits aus der letzten Stunde bekannt ist. Für die Reflexion erhalten die Schüler Reflexionsbögen, die sie für ihre Weiterarbeit nutzen können.

Material: ein A5-Blatt pro Gruppe, Zahlenkärtchen von 1 bis 4 pro Gruppe, ein Theatertext pro Schüler (KV 17), ein Reflexionsbogen (KV 18) pro Gruppe

Verlauf:

Einstieg

Nachdem der Verlauf der Unterrichtseinheit mit Symbolkarten dargestellt wurde, werden die Theaterrollen innerhalb einer Gruppe gewählt. Die Schüler schätzen ihre eigenen Fähigkeiten ein und entscheiden sich daraufhin für eine der sechs Sprechrollen. Als Hilfestellung soll jeder Schüler kurz darüber nachdenken, ob er sich eher zutraut, einen langen Text auswendig zu lernen oder als Sprecher betont vorzulesen. Da sich die Schüler in den letzten Stunden ausgiebig mit dem Text beschäftigt haben, wissen sie, welche Sprechrollen schwierig oder leicht sind. Die Rolle des Sprechers beispielsweise ist sehr umfangreich im Gegensatz zur Rolle des Riesen oder seiner Frau. Sollten sich die Schüler nicht einigen, werden die nicht besetzten Rollen ausgelost.

Erarbeitungsphase

Bevor der Text in der Gruppe einstudiert wird, werden zwei wichtige Kriterien festgelegt, die von den Gruppenmitgliedern untereinander beobachtet werden. Geben Sie die Kriterien nicht unbedingt vor, sondern stellen Sie den Gruppen die Aufgabe: „Worauf solltet ihr während des Rollenspiels achten? *What is important during the roleplay?* Einigt euch in der Gruppe auf zwei wichtige Kriterien, die Ihr beobachten könnt. *Write down two important aspects for your group.*“ Jede Gruppe erhält ein A5-Blatt, auf das zwei Kriterien aufgeschrieben werden. Sobald die Gruppen fertig sind, hängen sie ihr Kriterienblatt an die Tafel. Mögliche Kriterien sind:

- Wird laut und deutlich gesprochen?
- Werden die Wörter/Sätze betont?
- Wird in einem angemessenen Tempo gesprochen?
- Wird die Stimmlage der Rolle angepasst?

Die zwei am häufigsten genannten Kriterien werden an die Tafel geschrieben und als Reflexionspunkte für alle Gruppen festgelegt.

1. Arbeitsphase

Das Rollenspiel wird einmal in verteilten Rollen vorgelesen. Dabei unterstützen sich die Schüler in ihren Gruppen gegenseitig, indem sie sich loben und gegebenenfalls verbessern.

2. Arbeitsphase

Damit die Kinder noch besser voneinander lernen können, treffen sich alle Schüler mit der gleichen Sprechrolle in einer Tischgruppe. Unter Berücksichtigung der festgestellten Beobachtungskriterien werden die Sprechrollen innerhalb der Experten-Gruppen geübt. Nun werden ausschließlich die eigenen Textpassagen gelesen und nicht wie zuvor alle Rollen des Theaterstücks. Dies erfolgt mit Hilfe der *Team-tournament*-Methode, die den Schülern bereits aus der letzten Stunde bekannt ist. Die erste Person liest einen Satz vor; die zweite Person beurteilt die erste Person anhand der Reflexionskriterien und gibt gegebenenfalls Verbesserungsvorschläge; die dritte Person übersetzt den gehörten Text und wird von der vierten Person gelobt oder verbessert. Anschließend wiederholen alle Schüler den Satz. Die Zahlenkarten rotieren weiter und der nächste Satz wird auf die gleiche Weise geübt.

3. Arbeitsphase

Nachdem die Schüler ihren Text intensiv in den Expertengruppen geübt haben, gehen alle in ihre ursprünglichen Gruppen zurück. Dort wird das Theaterstück ein weiteres Mal in verteilten Rollen gesprochen. Positive Entwicklungen werden von den Gruppenmitgliedern geäußert.

Reflexionsphase

Zum Schluss präsentiert jede Gruppe das Theaterstück im Plenum. Die zuschauenden Schüler füllen nach jeder Präsentation einen Reflexionsbogen aus, der die festgelegten Beobachtungskriterien beinhaltet. Die Bögen erhält anschließend jede präsentierende Gruppe, um zu sehen, was bereits gut gelungen ist und woran noch gearbeitet werden muss. Es werden nicht alle Gruppen in einer Unterrichtsstunde vorspielen können, deshalb sollten für die gesamte Einheit zwei bis drei Unterrichtsstunden eingeplant werden.

Da das Theaterstück bei einer Aufführung möglichst frei vorgespielt werden soll, erhalten die Schüler die Aufgabe, ihren Text auswendig zu lernen. Eine Ausnahme wird beim Sprecher gemacht. Da der Text sehr lang ist, kann er betont und flüssig abgelesen werden.

Da sich mehrere Besetzungen auf das Theaterstück vorbereiten, sollten auch verschiedene Aufführungsmöglichkeiten angeboten werden. So könnten sich mehrere Klassen das Stück ansehen, während die Besetzung von Aufführung zu Aufführung wechselt.

Aspekte des Kooperativen Lernens in der vierten Unterrichtseinheit

Positive Abhängigkeit

- **Ziel:** ein Theaterstück soweit vorbereiten, dass es in verteilten Rollen gespielt werden kann
- **Lernmaterial:** Theatertext
- **Rollen:** Jeder Schüler übernimmt im Wechsel, die Rolle des Vorlesers, des Übersetzers oder des Kontrolleurs und Lobers.
- **Außenkraft:** Zeitvorgabe
- **Lernumgebung:** Die Schüler sitzen in ihren Gruppen an Gruppentischen oder auf dem Fußboden zusammen.

Gruppenevaluation

Die Schüler erkennen, dass sie vom strukturierten Einüben profitieren und sich verbessern können.

Soziales Lernen

Die Schüler lernen, sich angemessen zu korrigieren und sich gegenseitig zu ermutigen. Sie erfahren, dass sie in der Gruppe besser voneinander lernen können.

Direkte Interaktion

Aufgrund der strukturierten Methode und der räumlichen Nähe stehen die Schüler in direkter Interaktion miteinander.

Tabellarischer Unterrichtsverlauf: 4. Einheit zum Thema *Jack and the beanstalk*

Thema: Das Theaterstück zu *Jack and the beanstalk* wird in verteilten Rollen erarbeitet und präsentiert.

Ziel: Eine szenische Darbietung des Märchens so vorbereiten, dass sie in verteilten Rollen vorgetragen werden kann.

Unterrichtsphase/Zeit	Unterrichtsgeschehen	Material
Einstieg	◆ Begrüßung ◆ Ablauf der Stunde erläutern ◆ Rollenverteilung innerhalb der Gruppen	◆ Symbolkarte für den Ablauf (Gruppenarbeit, *Team-tournament*-Methodenkarte, Präsentation)
Erarbeitungsphase	◆ In den Gruppen werden mögliche Reflexionskriterien überlegt und notiert. *Think about some criteria, that are important when doing role play. Write down your criteria.*	◆ ein A5-Blatt pro Gruppe
1. Arbeitsphase	◆ Das Theaterstück wird einmal in verteilten Rollen gelesen. *Go through the text and read your role in your group.*	◆ Theatertext
2. Arbeitsphase	◆ Die Schüler gehen in Experten-Gruppen und üben mit der *Team-tournament*-Methode ihren Sprechtext. *Please go to your expert-groups. Everyone who plays Jack is in one group, everyone who plays the narrator is in one group etc.*	◆ Rollenzuweisung ◆ 1. Person liest ◆ 2. Person verbessert und lobt ◆ 3. Person übersetzt den Text ◆ 4. Person kontrolliert und lobt die 3. Person

3. Arbeitsphase	◆ Die Schüler gehen zu ihren Stammgruppen zurück und proben den Text ein weiteres Mal. Die Schüler loben sich gegenseitig für die positiven Entwicklungen.	◆ Theatertext
Reflexionsphase	◆ Die Schüler präsentieren ihr Theaterstück im Plenum. Die zuhörenden Gruppen füllen anschließend einen Reflexionsbogen für die Gruppe aus. *Let's present your role play. The groups who are watching the others play should write down comments on their reflection sheet.*	◆ Reflexionsbogen
Hausaufgabe	◆ die eigene Sprechrolle auswendig lernen	

Kopiervorlagen zur Einheit *Jack and the beanstalk*

KV 17: Theatertext *Jack and the beanstalk* (in Anlehnung an: Oldenbourg Schulbuchverlag GmbH 2007)

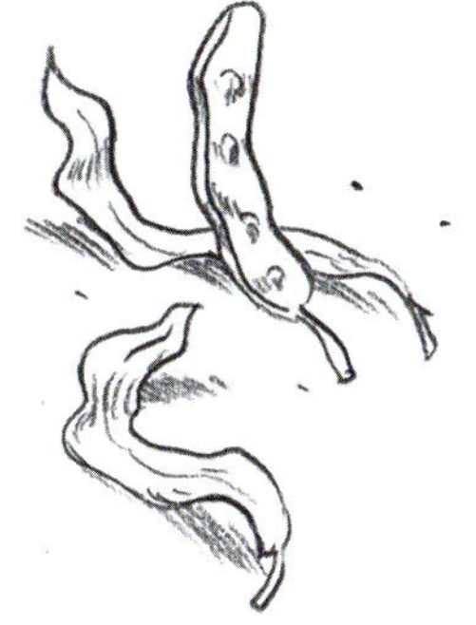

Jack and the Beanstalk

narrator

man

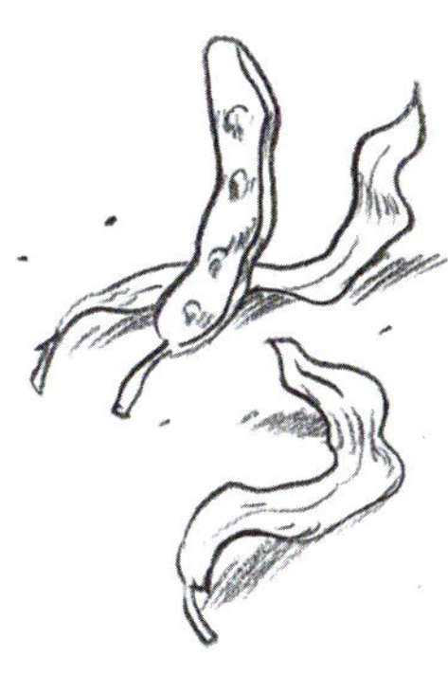

Jack

giant

Jack`s mother

giant`s wife

Scene 1: ______________________________________

Once upon a time thre was a poor boy called Jack an his mother.
They had no money.

We are hungry. We must sell the cow!

So Jack goes to the market. On his way he meets a man.

Hello Jack!

Hello!

I wonder if you know how many beans make five.

One - two - three - four - five

Very good! I can give you five beans for your cow.

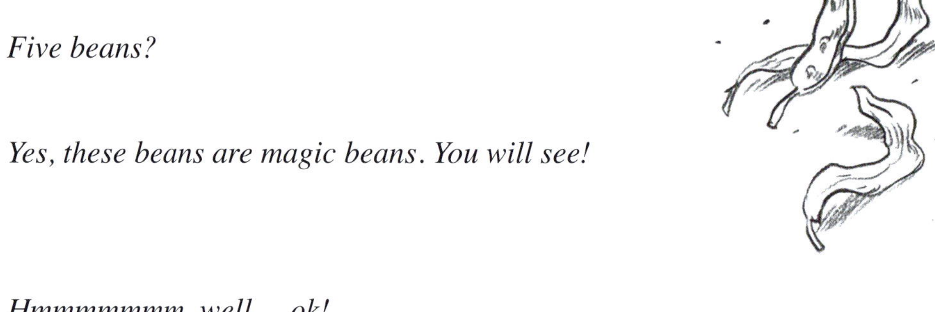

Five beans?

Yes, these beans are magic beans. You will see!

Hmmmmmmm, well ... ok!

Jack is very happy about the magic beans and goes home.
Jack shows his mother the beans.

Five beans for our cow? you silly boy! Go to bed!

Jacks`s mother throws the beans out of the window.

Scene 2:

During the night the beans grow and grow and grow.
In the morning Jack looks out of the window.

Wow! What`s that? A giant beanstalk. The man was right.

Jack, where are you going?

I go outside.

Jack goes outside and climbs up the beanstalk.
Higher and higher up to the sky. At the top he sees ...

A castle, a kitchen and ... an apple pie! Jummy!

Jack sits down and eats.

Lautes Stampfen der Riesen. Schnüffelgeräusche.

Huh? What`s that noise? It`s a giant!

Jack hides under the table.
The giant and his wife come in. The giant sniffs the air.

Fee, fi, foe, fum! I smell the blood of an Englischman!

Darling have your breakfast.

The giant sits down and eats, Jack runs away ...

Scene 3:

The next day Jack climbs up the beanstalk again.

The castle, the kitchen and ... a cherry pie! Jummy!

Jack sits down and eats.

Lautes Stampfen der Riesen. Schnüffelgeräusche.

Huh? The giant!

Jack hides under the chair.
The giant and his wife come in. The giant sniffs the air.

Fee, fi, foe, fum! I smell the blood of an Englischman!

Darling have your breakfast.

The giant sits down and eats, Jack runs away ...

Scene 4:

The next day Jack climbs up the beanstalk again.

The castle, the kitchen and ... a banana pie! Jummy!

Jack sits down and eats.

Lautes Stampfen der Riesen. Schnüffelgeräusche.

Huh? The giant!

Jack hides behind a box.
The giant and his wife come in. The giant sniffs the air.

Fee, fi, foe, fum! I smell the blood of an Englischman!

Darling have your breakfast.

Iwant to count my gold first.

The giant gets his bag of gold and starts to count.

One, two, three, four, ...
(Riese wird müde, zählt langsamer und gähnt dabei.)

The giant falls asleep. (Schnarcht)

Jack takes the gold and runs away.

I`ll take some of the gold for my mum and me.
(Eine Münze fällt herab, ein klirrendes Geräusch ist zu hören.)

The giant wakes up.

Fee, fi, foe, fum! I smell the blood of an Englischman!
And I`m very hungry!

Jack climbs down the beanstalk, the giant runs after him.

Mother! Come and give me the axe! Quick!

Jack takes the axe and cuts down the beanstalk.
The giants falls down and dies.

Look, Mum! Gold!

Gold, lots of gold! Now we can buy a new cow.

Jack an dhis mother were rich now and they lived happily ever after.

KV 18: Kriterien-Check

1. Wir haben alles laut und deutlich verstanden.
   We have understood everything loudly and clearly.

2. Die Sätze wurden gut ausgesprochen.
   The sentences were well pronounced.

3. Es wurde Mimik und Gestik eingesetzt.
   You have used facial play and gesture.

Tipp: ____

____

____

KV 19: Rollenkarten zu Jack and the beanstalk

Jack

Jack's mother

giant

giant's wife

man

narrator

Leistungsermittlung und -beurteilung im Englischunterricht

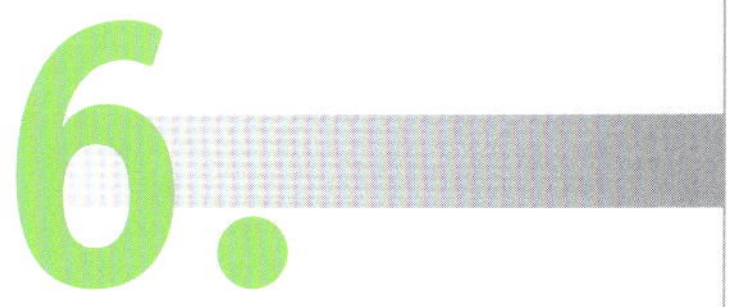

Im Laufe der Jahre hat sich der Englischunterricht in der Grundschule immer mehr vom ursprünglichen Begegnungsunterricht zu einem ergebnisorientierten Unterricht entwickelt. Obwohl schriftliche Leistungsüberprüfungen in den ersten beiden Schuljahren nicht vorgesehen sind, müssen die erbrachten Lernfortschritte der Schüler zuverlässig beurteilt werden. Laut Lehrplan soll sich die Leistungsbeurteilung auf folgende Bereiche des Faches beziehen:

- Kommunikation – sprachliches Handeln
- Interkulturelles Lernen
- Verfügbarkeit von sprachlichen Mitteln
- Methoden

Dabei sollen die kommunikativen Fähigkeiten, zu denen das Hörverstehen/Hör-Sehverstehen, Sprechen und Leseverstehen gehören, vorrangig beurteilt werden. Zur Erfassung der Lernstände Ihrer Schüler stehen Ihnen die vier folgenden Möglichkeiten zur Verfügung:

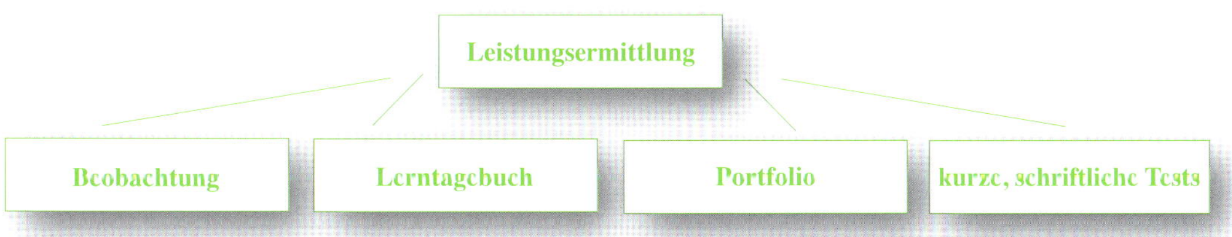

Beobachtung als Leistungsermittlung wird hauptsächlich zur Feststellung individueller Sprachkompetenzen der Schüler eingesetzt und sollte kontinuierlich während des Unterrichtsgeschehens erfolgen. Dazu muss der Unterricht kontinuierlich viele kommunikative Sprechanlässe bieten, um Fortschritte in der Aussprache und ihrer Anwendung beobachten zu können.

In das Lerntagebuch notieren die Schüler Lernfortschritte und/oder Schwierigkeiten während eines Arbeitsprozesses. Weiterhin können Lernziele festgehalten und überprüft werden. Auf diese Weise kann ein Lerntagebuch den individuellen Lernfortschritt eines Schülers dokumentieren.

Weiterhin kann ein Portfolio der Leistungsermittlung dienen. Ähnlich wie das Lerntagebuch dient es zur Selbsteinschätzung eigener Leistungen und dokumentiert die Entwicklung individueller Lernfortschritte. Im Unterschied zum Lerntagebuch werden nicht nur die Lernprozesse und deren Ziele festgehalten, sondern auch ausgewählte Arbeitsergebnisse aus allen Themenbereichen in einer speziellen Mappe gesammelt. Allerdings darf ein Portfolio nicht mit einer Arbeitsblattsammlung verwechselt werden. Es ist vielmehr eine bewusste Auswahl, ergänzt von Selbsteinschätzungsbögen. Die Arbeiten wählen die Schüler nach vorgegebenen Kriterien aus. So beinhaltet das Portfolio eine zielgerichtete Sammlung von maximal zehn Schülerarbeiten pro Halbjahr, die einen Einblick über die Anstrengung, den Lernprozess und die Lernerfahrungen in den verschiedenen Unterrichtsreihen zeigt. Auch für die Eltern bietet die Leistungsdokumentation in Form eines Lerntagebuchs oder eines Portfolios Einblick in die Lernentwicklung ihres Kindes. Besonders in den ersten beiden Jahren, in denen keine schriftliche Überprüfung erfolgt, fällt es den Eltern schwer, die Leistungsbewertung nachzuvollziehen.

Zuletzt dienen noch kurze schriftliche Überprüfungen der Leistungsermittlung. Diese können erst ab Klasse 3 eingesetzt werden und sollen laut Lehrplan in Form von Zuordnungs- und Multiple-choice-Aufgaben erfolgen. Eine isolierte Leistungsfeststellung durch Vokabeltests, Grammatikaufgaben oder Diktate ist damit nicht gemeint und auch nicht zulässig. Als alleinige Leistungserfassung sind die schriftlichen Überprüfungen nicht geeignet, da sie ausschließlich sprachliche Teilfertigkeiten im Bereich des Hör- und Leseverstehens erfassen.

Aufgrund der Komplexität der Leistungsermittlung sollten möglichst unterschiedliche Evaluationsmethoden zum Einsatz kommen, um erbrachte Fortschritte aller Schüler möglichst zuverlässig beurteilen zu können. Die im Lehrplan vorgegebenen Bereiche „Kommunikation – sprachliches Handeln, interkulturelles Lernen, Verfügbarkeit von sprachlichen Mitteln und Methoden" sowie deren Teilbereiche „Hörverstehen, Sprechen, Leseverstehen etc." beinhalten so vielfältige Kompetenzbereiche, dass sie nur mit Hilfe von unterschiedlichen Erhebungsformen zu ermitteln sind.

6.1 Leistungsermittlung im Bereich des Hörverstehens und Sprechens

Ein kooperativ geführter Englischunterricht ist stark schülerorientiert gestaltet und bietet Ihnen als Lehrkraft zahlreiche Gelegenheiten, die Sprechfähigkeit ihrer Schüler zu beobachten und zu dokumentieren. Diese Beobachtungsphasen bieten sich besonders während kooperativer Partner- oder Gruppenaktivitäten sowie Präsentationen an. Als besonders hilfreich haben sich hierfür Beobachtungsbögen erwiesen, in denen die Bewertungen einzelner Schüler in den detaillierten Kompetenzbereichen schnell festgehalten werden können. Wie solche Beobachtungsbögen für die Jahrgänge 1 und 2 sowie 3 und 4 aussehen könnten, zeigen Ihnen die Kopiervorlagen auf den nächsten Seiten.

Da im Englischunterricht viele unterschiedliche Teilkompetenzen beobachtet werden müssen, sollten Sie sich in jeder Unterrichtseinheit gezielt nur auf einige wenige Kompetenzen konzentrieren. So ist eher gewährleistet, alle Schüler innerhalb einer Arbeitsphase erfassen zu können. Kompetenzbereiche, die für Sie besonders wichtig sind, können in regelmäßigen Abständen immer wieder überprüft werden. Auf diese Weise können Sie individuelle Lernfortschritte ihrer Schüler beobachten und festhalten.

6.2 Ermittlung des Leseverstehens und des Schreibens

Das Leseverstehen und die Entwicklung der Schreibkompetenz nehmen zwar im Gegensatz zum Hörverstehen und Sprechen einen geringeren Stellenwert im Englischunterricht der Grundschule ein, aber gerade im vierten Schuljahr werden auch diese Kompetenzen immer wichtiger. Vor allem wirken das Lesen und Schreiben auch unterstützend auf die Entwicklung des Sprachgebrauchs ein. In den ersten beiden Schuljahren kann man die Leistung in diesen beiden Kompetenzen über Ergebnisse aus Gruppen- oder Partnerarbeiten und über das Lerntagebuch oder das Portfolio ermitteln.

Zusätzliche Bewertungsformen für das dritte und vierte Schuljahr sind:

- kurze schriftliche Überprüfungen
- kurze Abschreibarbeiten und
- selbsterstellte Texte wie Gedichte oder eigene Beschreibung (Lehrplan Englisch)

6.3 Leistungsermittlung im Bereich sprachlicher Mittel und Lernmethoden

Inwiefern sich die Schüler mit der englischen Sprache auseinandergesetzt haben und sich über diese bewusst geworden sind (language awareness), kann im Plenum nur bei einigen wenigen Schülern festgestellt werden. Da uns nur zwei Unterrichtsstunden in der Woche zur Verfügung stehen, ist es selten möglich, uns mit den Schülern über die Besonderheiten in der Sprache oder über eigene Lerntechniken auszutauschen.

Neben dem Lerntagebuch bietet die Placemat-Methode (vgl. Kapitel 4.4) eine Möglichkeit, in kurzer Zeit festzustellen, welche Lern- und Memoriertechniken ihre Schüler für sinnvoll halten oder ob ihnen bereits einige Gesetzmäßigkeiten in der englischen Grammatik bewusst geworden sind. Die Kinder können auf diese Weise ihre Entdeckungen innerhalb von zehn Minuten notieren und austauschen. Weiterhin erhalten Sie einen Überblick über die Gedanken und die Leistungen eines jeden einzelnen Schülers.

Beobachtungsbogen für das erste und zweite Schuljahr											
	Lerninhaltliche Ziele						**Soziale Ziele**				**Anmerkungen**
Gruppe/Name	Behält erarbeitete Wortelder und kann diese zuord-nen/benennen		Spricht Wörter/Sätze lautgetreu nach		Reagiert angemessen verbal/nonverbal auf Gehörtes		Beteiligt sich aktiv während der Gruppen- oder der Partnerarbeit		Lobt und gibt angemessen Hilfestellung		
Datum											
1.											
2.											
3.											
4.											
5.											
6											
7.											
8.											
9.											
10.											
11.											
12.											
13.											
14.											
15.											
16.											
17.											
18.											
19.											
20.											

Beobachtungsbogen für das dritte und vierte Schuljahr									
	Lerninhaltliche Ziele				**Soziale Ziele**				**Anmerkungen**
Gruppe/Name	Spricht Sätze/ Wörter lautrichtig in der Artikulation und Intonation aus		Kann im Dialog angemessen auf Fragen im Dialog antworten		Bringt sich aktiv während der Gruppen- oder der Partnerarbeit ein		Kann bei Präsentationen angemessen Rückmeldung geben		
Datum									
1.									
2.									
3.									
4.									
5.									
6									
7.									
8.									
9.									
10.									
11.									
12.									
13.									
14.									
15.									
16.									
17.									
18.									
19.									
20.									
21.									
22.									

7. Allgemeine Kopiervorlagen und Arbeitshilfen

KV 20: Appointment calendar

Appointment calendar

1 ....

2 ....

3 ....

4 ....

KV 21: Round up domino

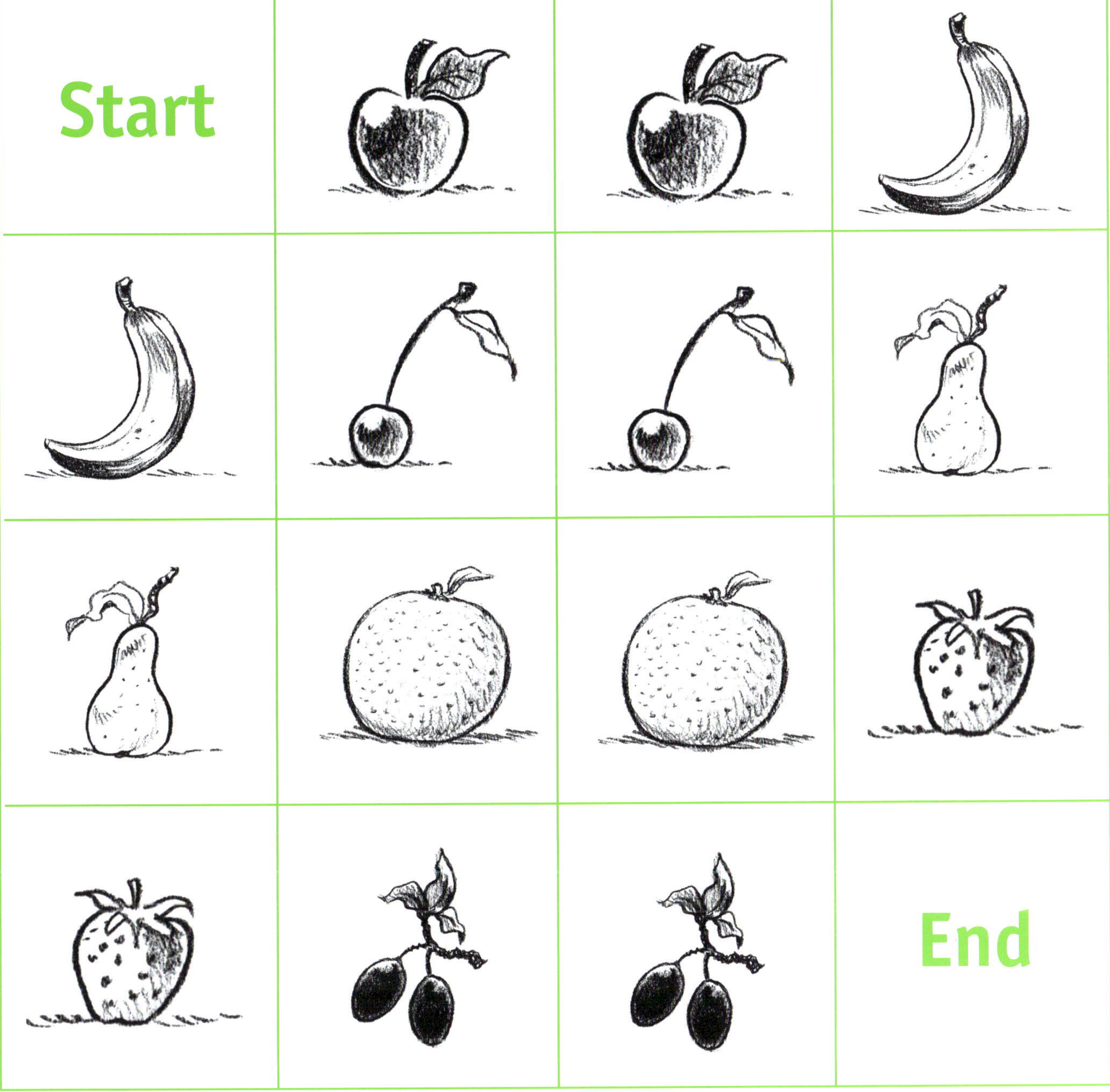

KV 22: Blanko Pair Check

Name 1:	Name 2:

KV 23: „Schiffe versenken“

Schiffe versenken

	1	2	3	4	5	6	7

Arbeitshilfe: *Placemat*

Placemat für die Partnerarbeit

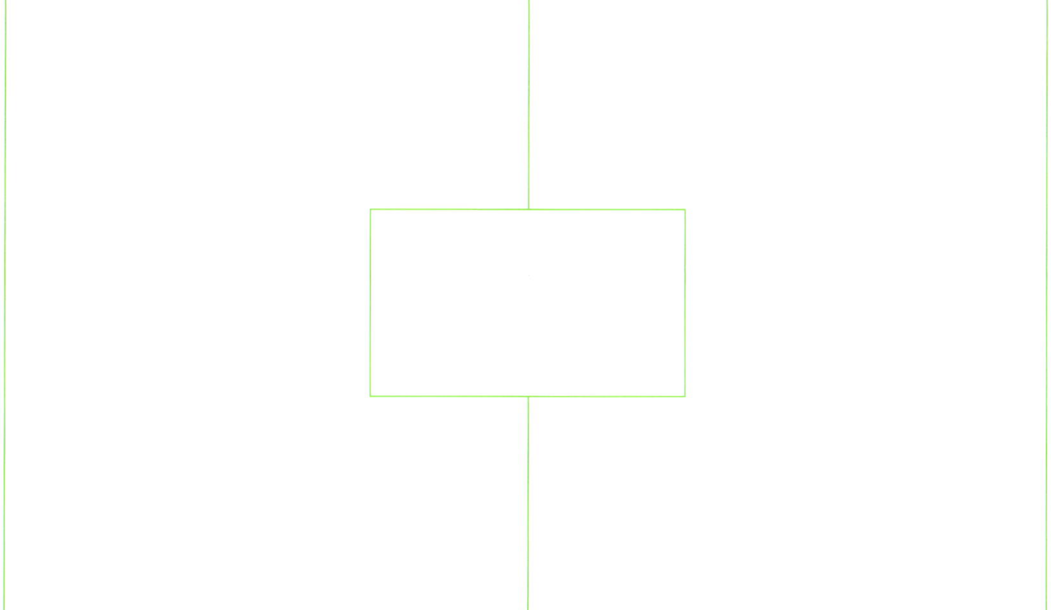

Placemat für die Gruppenarbeit

Arbeitshilfe: Tabelle für die Partnerarbeit

1. Person	2. Person

KV 24: Anleitung für ein *Buddy Book*

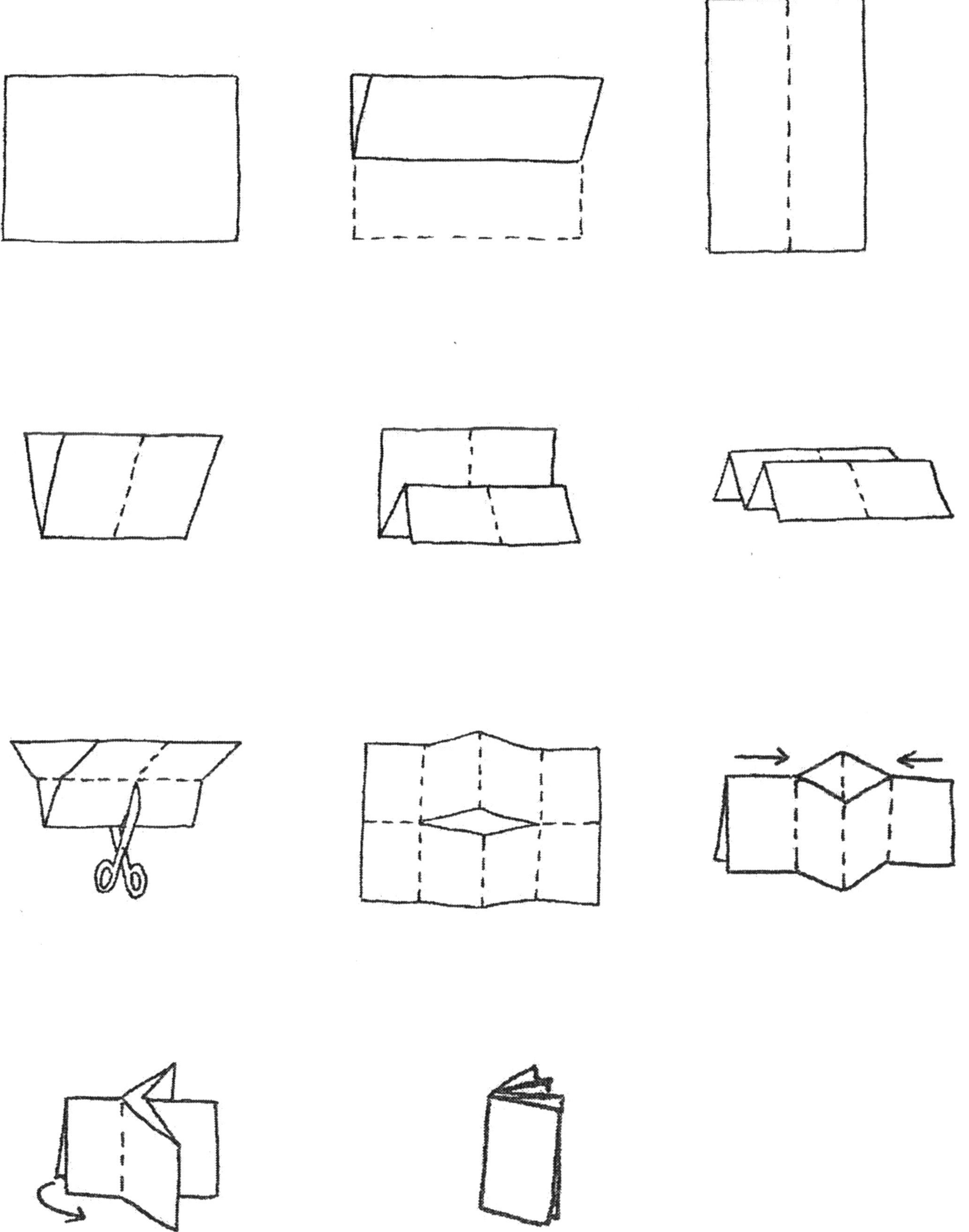

Kopiervorlagen für Reflexionsphasen

KV 25: Reflexionsnetz/*Reflection grid*

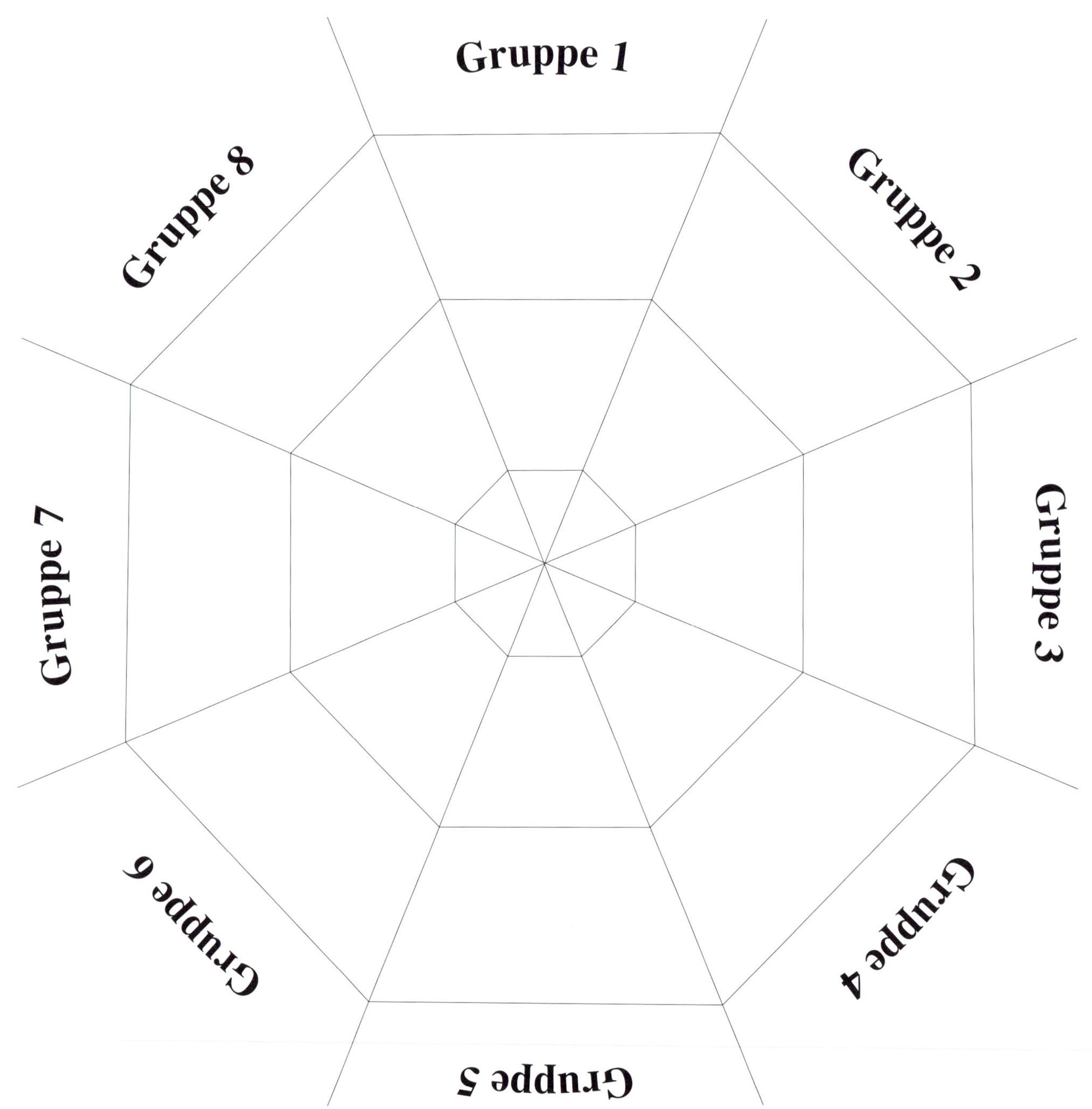

KV 26: Gruppenbarometer

KV 27: Rollenkarten

Checker

Writer

Time-Manager

Material-Manager

The Spy

The Translator

The Speller

Speaker

8. Literaturverzeichnis

Appel, Joachim: Frühes Fremdsprachenlernen. Der Alltag hat begonnen. In: Praxis Grundschule 1/2004. Braunschweig: Westermann. S. 32–39.

Brüning, Ludger; Saum, Tobias: Erfolgreich unterrichten durch Kooperatives Lernen. Strategien zur Schüleraktivierung. Essen: Neue Deutsche Schule 2006.

Bochmann, Reinhard; Kirchmann, Ruth: Kooperatives Lernen in der Grundschule. Zusammen arbeiten – aktive Kinder lernen mehr. Essen: Neue Deutsche Schule 2006.

Bochmann, Reinhard; Kirchmann, Ruth: Kooperativer Unterricht in der Grundschule. Teamarbeit als Motor für individuelles Lernen. Essen: Neue Deutsche Schule 2008.

Green, Norm; Green, Kathy: Kooperatives Lenrnen im Klassenraum und im Kollegium. Das Trainingsbuch. Seelze: Kallmeyer 2005.

Gleixner-Weyrauch, Stefanie: Fee, fi, foe, fum! Jack and the Beanstalk – Ein Bericht. In: Grundschulmagazin Englisch 2/2007. Berlin: Cornelsen. S. 18–20.

Hollbrügge, Birgit; Kraaz, Ulrike: Ginger 1. Lehr- und Lernmaterial für den früh beginnenden Englischunterricht ab Klasse 3. Berlin: Cornelsen 2003.

Hollbrügge, Birgit; Kraaz, Ulrike: Ginger 1. Pupil's Book Klasse 3. Lehr- und Lernmaterial für den früh beginnenden Englischunterricht ab Klasse 3. Berlin: Cornelsen 2004.

Hüsten, Gisela; Gruber, Irene; Winkler-Menzel, Regina: Hilfreiche Rituale im Grundschulalltag. Erprobte Ideen und praktische Tipps. Klasse 1–4. München: Oldenbourg 2007.

Johnson, David W.; Johnson, Roger T.; Johnson Holubec, Edythe: Circles of Learning. Cooperation in the Classroom. Edina, MN: Interaction Book Company 1990.

Klippel, Friederike: Englisch in der Grundschule. Handbuch für einen kindgemäßen Fremdsprachenunterricht. Übungen, Spiele, Lieder für die Klassen 1 bis 4. Berlin: Cornelsen Lernhilfen 2000.

Kronisch, Inge: How to make them talk. Sprechen im Unterricht erfolgreich anbahnen. In: Grundschulmagazin Englisch 3/2008. Berlin: Cornelsen. S. 9–12.

Kuhn, Tatjana: Spaß mit Grammatik. Kindgemäße und motivierende Vermittlung grammatischer Strukturen. In: Grundschulmagazin Englisch 2/2008. Berlin: Cornelsen. S. 9–12.

Ministerium für Schule und Weiterbildung des Landes NRW: Richtlinien und Lehrpläne Grundschule für das Fach Englisch. Düsseldorf 2008.

Wagner, Heinz: What do they remember? Leistungsmessung und -beurteilung in der Grundschule. In: Grundschulmagazin Englisch 5/2005. Berlin: Cornelsen. S. 6–8.

Waszak, Marion: The Blue Dog Cafe. Shopping for a snack. In: Grundschulmagazin Englisch 2/2008. Berlin: Cornelsen. S. 17–20.

Zangl, Renate; Peltzer-Karpf, Annemarie; Dringel-Techt, Eva; Neumann, Astrid: Die Diagnose des frühen Fremdsprachenerwerbs. Tübingen: Narr 1998.